U0152068

文史哲學集成

曾達聰著

北曲譜法：音調與字調

文史哲出版社印行

北曲譜法：音調與字調 / 曾達聰著. -- 初版. --臺北市：文史哲，民 97.08 印刷
頁： 公分.（文史哲學集成；29）
參考書目：頁
ISBN 978-957-547-236-8 (平裝)

1.中國戲曲 - 曲譜

915.1

文史哲學集成 29

北曲譜法：音調與字調

著者：曾達聰
出版者：文史哲出版社
http://www.lapen.com.tw
e-mail：lapen@ms74.hinet.net
登記證字號：行政院新聞局版臺業字五三三七號
發行人：彭正雄
發行所：文史哲出版社
印刷者：文史哲出版社
臺北市羅斯福路一段七十二巷四號
郵政劃撥帳號：一六一八〇一七五
電話886-2-23511028・傳真886-2-23965656

實價新臺幣五〇〇元

中華民國六十八年（1979）四月初版
中華民國九十七年（2008）八月 BOD 初版一刷

ISBN 978-957-547-236-8

引言

崑腔始於明嘉靖年間，之後不久，北曲音讀就有了訛誤，南曲也有吳音浙音之異，而相譏詆。時至今日，字音迭變，雖代有相傳，難免以訛傳訛，若僅憑鼓舌搖唇所得的字音與樂音的關係，以爲準據，恐怕不太靠得住。於是取舊譜中北曲一百四十餘折，南北合套中北曲六十餘折，每摘其二字及所配的腔爲一卡。得卡片萬餘張，就把這些卡片加以分析和歸納，得出若干數字和百分率來；再從這些數字和百分率上面，配合四聲陰陽的性質，和西洋音樂的理論，發掘出失傳已久的北曲譜法。

中國字一字一音，一個字所配的腔，便專爲這一個字而設，大可拿一個字作爲單位，將所配的腔予以分類，計得單腔、升腔、降腔、峯腔、谷腔、倒腔、摺腔、疊腔、簇腔、擻腔、頓腔和豁腔等十二類。有了腔的分類，方可以分析各類腔如何構成，於焉探討腔與四聲陰陽如何配合，以及相連二字的腔與腔如何聯絡：這便是譜法的音調與字調的關係。

北曲四聲，分陰平、陽平、上和去，與國語四聲的分法一樣，但每聲的高低長短，却有異同，將兩者先作詳細的比較，然後，北曲譜法庶可作國語歌曲作曲的參考。以分析和歸納、數字和百分率的科學方法，來發掘失傳已久的北曲譜法，可以說是一個大膽的嘗試。這是初試，疏陋絕對難免，尚祈諸君不吝指教是幸！

本書承蒙中山學術文化基金董事會的補助，又獲李振邦神父或明或暗的不少啓示，得以出版，謹此深致謝忱。

北曲譜法——音調與字調

目次

序篇

壹、字眞

這不是名家墨寶，有什麼假，有什麼眞？所謂「字眞」，是指曲辭的字面要唱得準，不讓四聲陰陽走了樣，凡是以中國字組成的曲辭，「字眞」的要求是必須的。

或曰：字不宜眞。

王光祈中國音樂史第九章歌劇之進化：

「字音之不宜讀準，又爲歌唱藝術之重要原則。」

把王光祈的話換而言之，便是字眞反會失去歌唱的藝術價值。

華連圃戲曲叢談第九章度曲法：

「一字之本音，無所謂美與不美也，唱得其正則美，不得其正，則弗爲美也。」

藝術的價值是「美」，華連圃認爲唱得字眞斯爲美，始有藝術的價值。

這兩種說法，大相逕庭，是由於中西文字的字音與樂音的關係各有不同：王光祈是站在西洋音樂的立場說話；但在中國，對於字音與樂音，自有其傳統的一貫看法，認爲字眞是必須的。玆就元、明、清三朝中，錄出三家之言，以窺一斑：

元芝庵唱論：

「字眞，句篤，……」

明魏良輔曲律：

「五音以四聲爲主，四聲不得其宜，則五音廢矣。」

清沈乘麐韻學驪珠弁辭：

「清謳擅妙，必先較正音聲；高唱爭奇，首在分清字韻。」

一、爲什麼必求字眞

㈠中國字的字音，與字義有莫大的關聯，只要把字音唱差了些，字義便跟着變了樣：

1.不知所云：「光景」之「景」，陰上聲，若唱成陰去，便成「敬」字音，這「光敬」於義云何？

2.另成一義：「桑梓」之「桑」，陰平聲，若唱作陰上，「桑梓」成了「嗓子」，其義相去十萬八千里。

3.啼笑皆非：「通訊社」之「通」，陰平聲，「訊」（曲韻「訊」、「信」同音），陰去聲，若把「通」唱作陰去，「訊」唱作陰平，則成「痛心」之社矣。通訊社的先生們聽了，豈不欲笑無聲，欲哭無涕？

4.鬧出笑話：「新生活」之「新」，陰平聲，若唱作陰去，便成「性生活」，原是皇哉皇也的新辭，轉作黃哉黃也的卑語，寧非天大笑話？

凡此種種，不一而足：所以，唱得字眞是必須的。

(二)歌唱已置身於藝術美的園地中，既云美矣，便須在在皆美，不容有些微的不美存在。陸機文賦說：「混妍蚩而成體，累良質而爲瑕。」「妍」中不能混「蚩」，那怕是一丁點兒的「蚩」，也會影響藝術的整體美。字面失眞，「蚩」也，產生句字了解上的不美，致使良質成瑕，減低了藝術的價值：於是，唱得字眞是必須的。

(三)製曲者和譜曲者的目的，在於使曲子能夠播之聲喉；度曲者的目的，在於使曲子能夠明乎人耳。曲子能讓人聽得懂，實是製曲者、譜曲者和度曲者的共同目的，也是最終的目的。為了達成這目的，自然，唱得字眞是必須的。

二、怎樣以求字眞

㈠以字就腔：元代的北曲，乃以字就腔，製曲者必須依腔塡字。

元周德清中原音韻後序中，謂謳者歌樂府「四塊玉」，曲辭大概是馬致遠所撰，首二句是「彩扇歌，青樓飲」，其中「青」字唱成「晴」字音，顯然是字與腔不合所致，於是改唱同調的另一首，首二句是「買笑金，纏頭錦」，乃與腔合。

「彩扇歌青樓飲」和「買笑金纏頭錦」十二字中，扇和笑都是陰去聲，歌和金都是陰平聲，樓和頭都是陽平聲，飲和錦都是陰上聲；惟彩字陰上，買字陽上，元時上、去聲都不分陰陽，彩和買只是上聲：這些字無疑的可與腔合。而青字陰平，纏字陽平，平聲在元時已有陰陽之別，合於陽平的腔便不能合於陰平，故纏字合而青字不合。

以上所及，僅牌子中的某處唱腔與陰陽平的配合，實際上，牌子的全部唱腔都要與字音相配。

元周德清中原音韻正語作詞起例：

「作樂府……大抵先要明腔，後要識譜，審其音而作之，庶無劣調之失。」

明沈寵綏度曲須知絃律存亡：

「古之絃索，則但以曲配絃，絕不以絃和曲。凡種種牌名，皆從未有曲文之先，預定工尺之譜。……每一牌名，製曲不知凡幾，而曲文雖有不一，手中彈法，自來無兩。」

沈寵綏的時代，北曲唱法，早已不爲世人所知，正如他說的「律殘聲冷，亘古無徵」（語見度曲須知曲運隆衰），所謂「預定工尺之譜」等語，可靠性便要差些；而周德清，元人也，他的話應該可靠：可見北曲是以字就腔，絕不易腔以就字。以字就腔，勢必字字受四聲陰陽的限制，桎梏如天，非才大如海者不辦，一般人都會有縛手縛脚之感，很難製出完全與唱腔相合的曲辭來。

清徐大椿樂府傳聲：

「曲不合調，則使唱者依調則非其字，依字則非其調，勢必改讀字音，遷就其音以合調，則調雖是而字面不眞。」

以字就腔的目的，本在求字之眞，而結果反使「字面不眞」，所以後來背其道而行，乃以腔就字。

(二)以腔就字：西洋音樂，雖不注重字面之眞，但爲了充分表達詞句的內在意義，古老的平歌八調，仍使歌譜與曲辭有良好的配合；在中國，却數崑腔的譜和詞配合得最好。

明沈寵綏度曲須知絃律存亡：

「按良輔水磨調，其排腔配拍，榷字釐音，皆屬上乘。」

清徐大椿樂府傳聲李瀚章序：

「至崑山之魏良輔之南曲水磨腔出，而人聲之著於歌曲也尤準。」

王光祈中國音樂史第九章歌劇之進化：

「崑曲之理想目標，原在讀準字音。」

崑腔就爲了要讀準字音，才一反元人之習，改作以腔就字。同一個牌子，因爲曲辭有所不同，四聲也就不同，唱腔也跟着變易，腔始終追隨着字，這雖達字眞的目的，但「依字則非其調」，字眞而律失矣。字與律之間的選擇，崑腔無疑的選擇了字—但求字眞，寧可律失。

西樂東漸之後，譯或著的書籍已汗牛充棟，但於曲譜與中國字曲辭如何配合，尙鮮見有筆之於紙上。崑腔既能腔字相配，何不在其中去發掘一些，用資借鏡？「不有溫故之功，焉見知新之益？」」（語見清姚華曲海一勺。）於是本書便欲溫一下明代的「故」，或許對於現代的「新」有所臂助，也未可知！

貳、譜　法

崑腔的腔字相配之法，屬於譜法，是由樂工負責，文人不管。樂工們也只師父傳給徒弟，很難有關於譜法的著作問世；況在崑腔鼎盛時代，大家都耳熟口熟，更無所謂譜法不譜法了：是以一直就看不到一本言譜法的專著。

清乾隆而後，崑腔漸趨衰微，耳提口授的譜法也跟着末落；及民國之世，知者更若晨星了。

吳梅霜厓三劇歌譜自序：

「余三劇之譜，作者非一人：居京師時，劉君鳳叔先成無價寶，楊枝伎，釵鳳詞三譜；南歸後，吳君粹倫成風月司二折，徐君鏡清成國香曲一折；余所自製者，湘眞閣一劇而已。夫以吾國人才之衆，度曲家之多，而據舊律以諧新聲，瞻望南北，僅有數人，又何其難也！」

懂譜法的人雖然僅有數人，而提到譜法的書倒有幾本，而且都在民國三十三年以前出版：

吳梅顧曲塵談第三章度曲，附帶的也提到了譜法，但過於提綱挈領，初學不易了然。楊蔭瀏中國音樂史綱也提到譜法，但只概略的提出字的腔，以及字與字之間的腔的聯絡，而且南曲北曲不分，未見完善。王季烈螾廬曲談第三卷論譜曲，他自已說是「將其緊要之端略述之」，但歷來言譜法之書，這是最完善的專論，他書無出其右。

關於譜法的著作，眼儉如余，所看到過的，僅此三書而已。

西樂作曲，較可自由發揮，有資格稱得上一個「作」字；崑腔譜曲，限制較嚴，只能稱之爲「譜」，這好像詩可以稱「作」，詞只能叫做「塡」一樣。

王光祈中國音樂史第九章歌劇之進化：

「文人既將曲子作好，乃令樂工塡注工尺，而樂工則只能按照曲中字句，一一呆塡，毫無發表自己意思之餘地。」

這話說得過份了些！那麼多的崑腔宮譜，豈都從「一一呆塡」中得來？況有精於音律的文士，畢生窮力以治之，苦心孤詣以訂之，使腔調表現了旨趣，突出了風神，豈又「一一呆塡」克以臻此境地？不過，崑腔譜法的限制，畢竟是嚴了些：

㈠字：字的腔，受四聲陰陽的限制，陰聲字不能配用陽聲字的腔，上聲字不能配用去聲字的腔；前字與後字之間的聯絡腔，同樣地受四聲陰陽的限制，該升的不可降，該降的不可升。

㈡句：中國語言被稱為「音樂的語言」，曲辭的句子，更該稱為「音樂的句子」。字音的四聲陰陽變化，使句子韻節流暢，聲調諧和；句子的字數不一，產生句法的變化，使句字曲折抑揚，頓挫方圓；再加不同的板式，各樣的涵情：眞個端緒萬千，風雲變化，致使腔的進行，必受句字、句法、板式、涵情等等的限制。

㈢調：曲調俗稱「曲牌」，分隸於各宮調，各宮調各有其喜怒哀樂的涵情，且與笛色的高下有關；曲牌都各有其獨特的腔格，同一曲牌，曲辭自可不同，唱腔也可相異，但腔格仍然不變：所以一個牌子的行腔，受笛色、宮調、涵情、腔格等等的限制。

所以，崑腔宮譜的訂製，不宜稱為「作曲」，只宜稱為「譜曲」。

限制既嚴，規律必多，本書便將這些規律發掘一些出來，但這裡只是北曲的字法，至於句法和調法，都不在內；南曲的字法、句法和調法，也未與焉。

來的。

叁、宮　譜

西洋音樂，先有作品，後有作曲法；作曲法中的規律，都是從名家的作品內分析歸納出來的。

至於崑腔，言譜法之書雖少得可憐，而留傳的宮譜卻多得可喜，何不也學學西洋，拿這些舊譜予以分析歸納，得出譜法的一些規律！

宮譜自南詞定律而後，出了好幾部：但有的—便像南詞定律，目前連一部也找不出；有的雖容易找到，而內容舛訛，嫌為「俗譜」，不足為據；有的，既不是俗譜，又可以找得到，但不是被列為善本書，便被視為海內孤本，壓封於高閣，以余一介武夫，無緣也無法拜讀！所以，可資為據的，必須：第一，能購置案頭，朝夕相親；第二，不是俗譜。幸喜近年坊間出現了一部半宮譜，既可購置，又稱善本，端的菩薩保祐！

所謂「一部半」者，一部是王季烈、劉富樑合撰的集成曲譜（以下簡稱王譜），半部是葉堂訂的納書楹曲譜（以下簡稱葉譜）。葉譜計正集四卷，續集四卷，外集二卷，業經發售；另有補遺四卷和玉茗堂四夢六卷，都未印出，所以只算半部。

葉譜是譜的善本，吳梅譽爲「雕心刻腎，字字穩協。」（語見霜厓三劇歌譜自序。）

葉堂也很滿意自己的所作，在自序中說：

「文之舛淆者訂之，律之未諧者協之，而於四聲離合、淸濁陰陽之芒杪，呼吸關通，自謂頗有所得。蓋自弱冠至今，靡他嗜好，露晨月夕，側耳搖唇，究心於此事者垂五十年。」

所以他不願別人擅改他所訂的工尺，凡例中說：

「北譜工尺，已斟酌盡善，校勘詳明，如遇不能順口處，須細心紬繹，不可輒改。」

必曰「盡善」，不大可能。葉譜的每一工尺，在葉堂的口耳之間，都稱盡善，因爲唱曲必須唱得滾瓜爛熟，於是習焉而不察，王譜便曾指出葉譜的錯誤之處，雖有小誤，白玉微瑕耳，必竟是經過精心訂製的善本宮譜。

王譜也稱善本，王季烈在凡例中說：

「選戲劇則採曲律詞章之兼善，訂宮譜則求古律俗耳之並宜，曲文曲牌，皆悉心訂正。」

又說：

「原譜（指俗譜）之可遷就者，無不用其原譜。」

這表示了選訂態度，其中雖多經考校採求，但仍有諸俗耳，就原譜之處，然較之六也等譜，實不可同日而語。

葉王二譜，都經精心考訂，堪稱善本。而且收戲頗多，葉譜計二百五十四折，王譜計四百一十六折，共計六百七十折，雖然互見的有一百八十三折，而其工尺不盡相同，互見反收互勘之功。

有了這一部半宮譜，差可遣夏日長、消冬夜永了，只是對未印行的半部葉譜，仍不免牽腸掛肚，念念難忘。

肆、正襯

分別正襯，是件要事，且須首先着手，這是十二萬分頭痛的工作，幹過「斠律」的朋友們，無不知其難其苦！雖難雖苦，但不能因噎廢食，正襯仍須分別。

北曲的襯字太多，正襯不易分別。

九宮大成譜凡例：

「百字折挂令、百字堯民歌、百字知秋令、增字雁兒落，襯字倍於正文。」

增字的牌子，「襯字倍於正文」，倒也情有可原；不是增字的牌子，襯字照樣的倍於正文，如貫雲石塞鴻秋末句云：

「今日個病懨懨剛寫下兩個相思字。」

原格七字，襯了七字，成爲十四字句。

而貨郎旦七轉的末句：

「將他這李春來的父親向他那番滾滾波心水渰殺。」

竟將七字句加了十三個襯字。

襯字既多，就不得不移動板式，甚至增添板式，使上一板與下一板之間，不致相隔太遠：這更增加了分別正襯的困難。

前幾年，承蒙友人陳君之助，讓我抄了一部北詞廣正譜，可以勉强拿來湊合着分別北曲的正襯。

南曲分正襯較易。吳梅在顧曲麈談中說：

「南曲襯字不多，且有一定格式，一檢南詞定律，正襯分明。」

可惜南詞定律已成天書，渺不可得！不得已，只有取南曲九宮正始爲據。這也是承蒙友人陳君相助而抄得的一部南曲譜，但這部書不大靠得住，開頭在自序裡便說了些「漢武帝及

表一

葉譜		上 上 上 尺 3 1 1 2 你 卻 也
王譜	四 6 你	上 尺 1 2 卻 也

表二

葉譜	四 上 6 1 此	上 尺 上 四 1 2 1 6 夜	上 四 上 0 0 1 0 6 1 更 長
王譜	四 上 尺 6 1 2 • 0 此 夜 更	上 尺 工 尺 上 四 1 2 3 2 1 6 • 長	0 0

唐玄宗之曲譜」的天話，所以另外參照九宮大成譜和南北詞簡譜。

宮譜的工尺，倒是對正襯之分的幫助很大，有的非常顯著，一看便知何者爲正，何者爲襯。

北曲掃秦折石榴花「你却也依隨」句（表一），原格四字，應襯一字；葉譜「你却」二字，都只半拍，而「你」字在板上，一定是以「却」字作襯；王譜「却」字在板上，且佔一拍半，「你」字只半拍，一定是襯「你」字。

南曲趕車折大聖樂「此夜更長漏永」句（表二），原格四字，應襯兩字：葉譜「此」字兩拍，「夜」字在板上，且佔五拍，自襯「更長」二字；王譜「更」字一拍半，「

長」字四拍半，且在板上，而「此夜」二字，每字半拍，合起來也只有一拍，顯然是把「此夜」二字作爲襯字。

至於急曲，雖使正襯分得不太清楚，尙不至大礙。雖然如此，而本書最爲疏陋之處，仍在正襯之分。

伍、識　字

明王驥德方諸館曲律論平仄：

「欲語曲者，先須識字。」

把識字放在第一優先，足見識字的重要性。

所謂識字，不是把所有的中國字都識遍，那是文字學家的事；語曲者，只要識得曲辭中的字；本書所需的，只要識得葉王二譜中的字，範圍不算大，麻煩却大得很。

字音與唱腔的密切配合，是「曲」的不二法門。中原音韻正語作詞起例：

「女眞風流體等樂章，皆以女眞人音聲歌之。」

女眞風流體，必須以女眞人音聲歌之，於是，崑山水磨腔，必須以明嘉靖年間吳人的音聲歌之了。這嘉靖年間的吳人字音，便是大麻煩。

中國字沒有音值，以致字音迭有變動。從唐韻到廣韻，中間只隔二百五十來年，雖仍有「音和」之同，却也有「類隔」之異。葉王二譜所收，北曲起自元雜劇，南曲起自琵琶記，到現在，將近八個世紀，少算些，便從崑腔算起，迄今也將五百年了。字音在五百來年之間的變遷，恐不在從唐韻到廣韻的「類隔」之下。固然，兩千多年前的古音都可以考證得出來，這五百來年又算得什麼？方今之世，能讀出嘉靖時吳音者，獨無人乎？可是，我老粗說句不怕臉紅的話，「實在是讀不出來！」即使讀得出來，而葉王二譜所收的作品，有元、有明、也有清，更不能一概使用嘉靖年間吳人的音讀—尤其北曲。中州切音譜贅論。

「今卽唱北曲者，亦不從此（指北音），蓋已別爲崑腔之北音，而非眞北音。」

所謂「崑腔之北音」，乃是蘇州人口中的北音，好像我這溫州人嘴裡的官話，何來準繩？焉能探討？

不說現在，卽在崑腔之後的不久，沈寵綏度曲須知中便有字釐南北和北曲正訛考諸篇，更有紘索辨訛之著，皆言崑腔中北音之誤。

遑論北曲，卽吳音本身，也有問題！明王驥德方諸館曲律論腔調：

「崑山之派，以太倉魏良輔爲祖；今自蘇州自太倉、松江，以及浙之杭、嘉、湖，聲各小變，腔調略同，惟字泥土音，開閉不辨，反譏越人呼字明確者爲『浙氣』，大爲詞隱所疵，詳見其所著正吳編中。」

可見，崑腔的字音問題，麻煩確實不小！如果以現代人—尤其我這溫州人的嘴讀出崑腔的字音，總有不完全是本來面目的感覺。

不過，雖音有迭變，而代有韻書。韻書是字的標準度量衡，一部南宋的平水韻，被近體詩的詩人們一直用到現在，不管他們是那裡人氏，不管口中的平仄是如何的不同，而在心中，在筆下，依然平是平，仄是仄，這便是韻書之功。崑腔的本來字音既無法從口頭讀出，也只有借重韻書。關於曲，却有好幾部韻書，今取清沈乘麐的韻學驪珠爲準。此書，平去入三聲的陰陽都分得很清楚，只有上聲的陰聲和陽聲之外，還多了「陰陽通用」字，似嫌模稜，入聲也不曾派入三聲：關於這兩部份，都以吳梅顧曲麈談所附的曲韻爲準。

陸、關係

曲辭的字與字之間，都有四種關係存在，這四種關係不知其名，姑杜撰爲連、間、末、斷。

這四種關係與譜法的法則以及板式都有密切的關聯，玆舉馬致遠秋思套撥不斷的末二句爲例：「青山正補牆頭缺，更那堪竹籬茅舍。」

㈠連：凡文氣相連的二字，其關係稱爲「連」，如句中「青山」、「正補」、「牆頭」、「那堪」、「竹籬」等是。

㈡間：凡文氣間頓的二字，其關係稱爲「間」，如句中「山正」、「補牆」、「更那」、「堪竹」、「籬茅」等是。

㈢末：句末二字的關係稱爲「末」，復有「連末」與「間末」之分：如句中「頭缺」二字，文氣間頓，稱爲間末；「茅舍」二字，文氣相連，稱爲連末。

㈣斷：前一句的末字與後一句的首字之間的關係稱爲「斷」，如句中「缺更」是。

就調而言，這四種關係全部存在；就句而言，便不一定了。組成句子的字數不等，最少一字，一字句本身，這四種關係都不存在，必待和下句的首字相關，才有斷的關係，沒有下句，便無所謂斷了。上例「茅舍」的「舍」，是牌子末句的末字，其下別無他字，斷的關係便消失了。牌子末句的末字，另名之曰「結」。若上一牌子與下一牌子連唱，則結而不結，仍有斷的關係存在。

假定句子都有下句與它相連，則二字句有末和斷；三字句有連、末、斷或者間、末、斷等關係；四字句以上，四種關係才得齊全。

四種關係之中，最密切的是連，其次是末—尤其連末，間末便疏遠了些，間更疏遠了，斷則疏遠到幾乎斷絕。關係密切處，譜法的限制便嚴；疏遠處，限制便可放寬；斷則放寬到幾乎沒有限制。

崑腔是唱腔—音樂，絕對不可拘泥得太死，所以有嚴處，也有寬處，既顧慮到字音，也顧慮到唱腔，使曲辭與行腔熔於一爐，具備整體的藝術價值。

既是連處須嚴，間處可寬，於是句中的連和間，便得妥爲分別；可是，有時連和間的界線不顯明，如跳牆玉芙蓉前腔「問君我寄書何處」句，句法應上四下三，此處却作上三下四，按句法，「我寄」爲連，「寄書」爲間，按文理則反是。這當然是劇作者的錯誤，而譜曲者究應按句法還是依文理呢？於是連和間的分別難清。另外一些三個字的字群，如「下場頭」、「一見了」、「因此上」、「嚴而信」等，像是一氣呵成，沒有間的關係存在。又如「信仁嚴」、「身口意」等，亦連亦間，板急處都成連，板緩處都是間了。

連和間或有不分，也是本書疏陋之處，但這也可借重旁註的工尺，工尺作連便連，作間便間，錯打錯着，反而不錯了。

柒、數字

口中字音既非崑腔字音的本來，側耳搖脣所得的字與腔的關係顯然會有誤差，因而改用一些數字作爲根據。

所謂數字，是指小卡片的數字。這些小卡片是依葉、王二譜的曲文逐字逐句製成的，總數在萬張之上，再依北曲、南曲；實板、散板；正字、襯字、疊字；四聲、陰陽；字與字的連、間、末、斷的關係；腔與腔的同音、上行、上跳、下行、下跳的關聯；句的字數、句法、板式、聲調等，分成三千餘束：這是分析。本書便從分析後的數字中，歸納出譜法的一些規律來。

卡片愈多，分束愈繁，精確度便愈高，而錯誤的機會也愈大。這些卡片，大的才十元鈔票的二分之一大小，小的便只有六分之一，分的時候，很容易把甲束的誤分到乙束去；數的時候，更難能數得確實而無誤。本書既以數字爲據，偏生數字不清，這又是疏陋之處；好在錯都錯在百分率小的地方，百分率大的，便校之又校，數了再數，非校到眼裡金星亂冒，數到指頭節筋猛抽，方算稱心如意，眞是個寃大頭！

因爲以數字爲據，本書表式中詳列各調各腔的字數，用以分析出譜法的一切規律，請休厭其煩！

捌、簡　譜

工尺譜譯作簡譜，譯法如下：

工尺譜：四乛上尺工凡合四一上尺工凡六五乙仩伬仜伬仩。

簡　譜：6̣7̣1̣2̣3̣4̣5̣6̣7̣1 2 3 4 5 6 7 1̇2̇3̇4̇5̇

何以以「上」譯「1」，這方面頗有專書，恕不贅語。

玖、笛　色

笛色諸調：南曲凡七，爲正工調、六字調、凡字調、小工調、尺字調、上字調、乙字調；北曲止用其六，不用乙字調。

笛子翻調，乃從小工調出發，以小工調的什麼字作工，便是什麼調，像尺字調便以小工

表三

正工調	六字調	凡字調	小工調	尺字調	上字調	乙字調
			$\underset{:}{6}$ 四	$\underset{:}{7}$ 一	$\underset{\cdot}{1}$ 上	$\underset{\cdot}{2}$ 尺
		$\underset{:}{6}$ 四	$\underset{:}{7}$ 一	$\underset{\cdot}{1}$ 上	$\underset{\cdot}{2}$ 尺	$\underset{\cdot}{3}$ 工
	$\underset{:}{6}$ 四	$\underset{:}{7}$ 一	$\underset{\cdot}{1}$ 上	$\underset{\cdot}{2}$ 尺	$\underset{\cdot}{3}$ 工	$\underset{\cdot}{4}$ 凡
$\underset{:}{6}$ 四	$\underset{:}{7}$ 一	$\underset{\cdot}{1}$ 上	$\underset{\cdot}{2}$ 尺	$\underset{\cdot}{3}$ 工	$\underset{\cdot}{4}$ 凡	$\underset{\cdot}{5}$ 合
$\underset{:}{7}$ 一	$\underset{\cdot}{1}$ 上	$\underset{\cdot}{2}$ 尺	$\underset{\cdot}{3}$ 工	$\underset{\cdot}{4}$ 凡	$\underset{\cdot}{5}$ 合	$\underset{\cdot}{6}$ 四
$\underset{\cdot}{1}$ 上	$\underset{\cdot}{2}$ 尺	$\underset{\cdot}{3}$ 工	$\underset{\cdot}{4}$ 凡	$\underset{\cdot}{5}$ 合	$\underset{\cdot}{6}$ 四	$\underset{\cdot}{7}$ 一
$\underset{\cdot}{2}$ 尺	$\underset{\cdot}{3}$ 工	$\underset{\cdot}{4}$ 凡	$\underset{\cdot}{5}$ 合	$\underset{\cdot}{6}$ 四	$\underset{\cdot}{7}$ 一	1 上
$\underset{\cdot}{3}$ 工	$\underset{\cdot}{4}$ 凡	$\underset{\cdot}{5}$ 合	$\underset{\cdot}{6}$ 四	$\underset{\cdot}{7}$ 一	1 上	2 尺
$\underset{\cdot}{4}$ 凡	$\underset{\cdot}{5}$ 合	$\underset{\cdot}{6}$ 四	$\underset{\cdot}{7}$ 一	1 上	2 尺	3 工
$\underset{\cdot}{5}$ 合	$\underset{\cdot}{6}$ 四	$\underset{\cdot}{7}$ 一	1 上	2 尺	3 工	4 凡
$\underset{\cdot}{6}$ 四	$\underset{\cdot}{7}$ 一	1 上	2 尺	3 工	4 凡	5 六
$\underset{\cdot}{7}$ 一	1 上	2 尺	3 工	4 凡	5 六	6 五
1 上	2 尺	3 工	4 凡	5 六	6 五	7 乙
2 尺	3 工	4 凡	5 六	6 五	7 乙	$\dot{1}$ 仩
3 工	4 凡	5 六	6 五	7 乙	$\dot{1}$ 仩	$\dot{2}$ 伬
4 凡	5 六	6 五	7 乙	$\dot{1}$ 仩	$\dot{2}$ 伬	$\dot{3}$ 仜
5 六	6 五	7 乙	$\dot{1}$ 仩	$\dot{2}$ 伬	$\dot{3}$ 仜	$\dot{4}$ 仉
6 五	7 乙	$\dot{1}$ 仩	$\dot{2}$ 伬	$\dot{3}$ 仜	$\dot{4}$ 仉	$\dot{5}$ 伩
7 乙	$\dot{1}$ 仩	$\dot{2}$ 伬	$\dot{3}$ 仜	$\dot{4}$ 仉	$\dot{5}$ 伩	
$\dot{1}$ 仩	$\dot{2}$ 伬	$\dot{3}$ 仜	$\dot{4}$ 仉	$\dot{5}$ 伩		
$\dot{2}$ 伬	$\dot{3}$ 仜	$\dot{4}$ 仉	$\dot{5}$ 伩			

調的尺字作工，六字調便以小工調的六字作工，……各調各音對照如表三：

表三內各音對照，只憑笛孔，不管半音。一支笛子，硬要翻出七個調來，請問這半音誰能管得了！

第一章 緒言

清徐大椿樂府傳聲：

「南曲之板，分毫不可假借；唯北曲之板，竟有不相同者。蓋南曲唯引子無板，餘皆有板；北曲則祇有底板，無實板之曲極多。又南曲之字句，無一調無定格；北曲則不拘字句之調極多。南曲襯字極少，少則一字幾腔，板在何字何腔，千首一律；北曲則襯字極多，板必有不能承接之處，中間不能不增出一板。此南曲之所以有定，北曲之所以無定也。然無定之中，又有一定者。……此北曲之板雖寬，而實未嘗不嚴也。」

單就板式而言，南曲有定，北曲無定，無定中却又有定，雖寬而實嚴。板式如此，其他又未嘗不如此，故而譜南曲易，譜北曲難。

王季烈螾廬曲談卷三論譜曲：

「學譜曲者，亦非先譜南曲，不能譜北曲。」

若此，本書應先言南曲，後言北曲。

明沈寵綏度曲須知凡例：

「南曲謳理，比北較深。」

理深不深且不言，南曲比北曲繁複却是顯而易見的。單就四聲而言，南曲分平、上、去、入而外，每聲都分陰陽，共爲八聲。北曲則只有陰平、陽平、上、去四聲，與今時國語的四聲分法相同；本書雖也將上、去各分陰陽，那是先分後合，終可與國語的四聲相參照。南曲的八聲自較北曲的四聲繁複，而且與國語相去頗遠，所以，本書先言北曲，南曲不與焉。

不論南曲或北曲，實板却比散板繁雜些，故本書先及實板曲，而後散板曲。

不論實板曲或散板曲，正字的規律又嚴於襯字和疊字，本書第二章便先說明實板正字的種切。

第二章　正字——實板曲

第一節　腔的分類

中國字一字一音，一字的腔，便專為這一字的音而設，所以，腔必以一個字為單位。字的腔有長有短，也就是工尺有多有少：最少的只有一個工尺，這種腔，姑名之曰「單腔」；工尺在兩個以上的，便名之為「複腔」。

曲辭中，字與詞的聯綴，成為文句。唱腔中，單腔、猶字也，複腔、猶詞也，單腔和複腔的聯綴，便成樂句。它隨着文句的頓挫而頓挫，隨着文句的斷句而斷句，與西樂的樂句稍有不同。崑腔的腔，只分這單腔和複腔兩類：單腔無可再分；複腔却又分為升腔、降腔、峯腔、谷腔、倒腔、擋腔、疊腔、簇腔、擻腔、頓腔和豁腔。諸腔之名，除疊、擻、頓、豁為原有者外，其餘都是萬般無奈而予以杜撰的。

壹、單　腔

顧名思義，便知道這單腔夠資格稱孤道寡，確確實實只有一個音。各調單腔的數字如表四：

貳、複　腔

單腔既是只含一個音，音的本身，便有此而無彼，彼此間的關係去得一乾二淨。而複腔至少含兩個音，有此有彼，彼此之間，產生了「相等」和「高低」的關係：「相等」是指同度的同音，八度的同音恕不邀列，那要算做大跳；「高低」是指順級的上行或下行，和越級的上跳或下跳，複腔中諸腔，都有「高低」的關係存在，而疊腔更多了「相等」的關係，否則，便無由稱爲「疊」了。玆依升、降、峯、谷、倒、摺、疊、簇、擻、頓、豁諸腔之序述之：

表四

字數 調名 音名	正工	六字	凡字	小工	尺字	上字	合計
上 1̣	14	2	1				七〇六三
尺 2̣	11	2	2		1		
工 3̣	54	108	23	21	12		
凡 4̣	2	2		1			
合 5̣	120	138	41	33	76	6	
四 6̣	133	232	104	127	167	6	
一 7̣	3	13	7	13	55		
上 1	108	327	93	296	254	16	
尺 2	66	126	102	266	479	14	
工 3	82	202	133	386	483	46	
凡 4			5	6	30		
六 5	37	66	55	325	446	41	
五 6	9	16	40	242	317	29	
乙 7			1	28	31	1	
仩 1̇			13	97	103	17	
伬 2̇			5	33	48	7	
仜 3̇				2	4		

一、升腔

「人往高處爬」，升腔太像人了，只知往高，絕不往低，首音最低，依次逐音上升，可以順級上行，也可以越級上跳：

㈠順級升腔：至少二音，至多也只有三音。二音的首末音音程爲二度，三音的則爲三度，見表五。

㈡越級升腔：至少二音，至多四音：

1.二音：有小跳和大跳：

(1)小跳：首末音爲三度音程，見表六。

(2)大跳：有四度、五度和七度的上跳，見表七。

2.三音：都是單跳，有小跳和四、六、七度的大跳。見表八。

3.四音：有單跳和連跳：單跳都用小跳：連跳除小跳外，更有五度的大跳，見表八。

表五

音名＼字數＼調名		正工	六字	凡字	小工	尺字	上字	小計
二音	上 尺 1̣ 2̣	19	5					一七九九
	尺 工 2̣ 3̣	17	5	1				
	凡 合 4̣ 5̣	2	2	4	2			
	合 四 5̣ 6̣	63	125	28	39	71	6	
	四 一 6̣ 7̣		6	2	8	21		
	一 上 7̣ 1		1			4		
	上 尺 1 2	78	126	58	121	161	1	
	尺 工 2 3	23	18	12	112	132	15	
	凡 六 3 5		1		7	14	1	
	六 五 5 6	1	4	16	132	176	13	
	五 乙 6 7			1	10	15	1	
	乙 仩 7 1̇				2	5		
	仩 伬 1̇ 2̇			3	58	40	6	
	伬 仜 2̇ 3̇				1	4		
三音	上尺工 1̣ 2̣ 3̣	10	5					七二
	合四一 5̣ 6̣ 7̣				4	8		
	上尺工 1 2 3	3	3	1	7	25		
	凡六五 4 5 6					1		
	六五乙 5 6 7				1	2	2	

表六

字調 音名 數名	正工	六字	凡字	小工	尺字	上字	小計
工 合 3̣ 5̣	31	51	27	6	8		八三七
凡 四 4̣ 6̣					1		
合 一 5̣ 7̣					1		
四 上 6̣ 1	15	34	7	34	34		
一 尺 7̣ 2	1		4		23	1	
上 工 1 3	2	1		17	11	1	
尺 凡 2 4	1		2	2	10		
工 六 3 5	12	25	20	186	167	7	
凡 五 4 6				4	1		
六 乙 5 7			1		4		
五 仩 6 1̇	1	3	1	30	37	1	
乙 伬 1 2̇			1	3	1	1	
仩 仜 1̇ 3̇				2			
仜 伌 3̇ 5̇				3	1		

表七

調名／字數／音名		正工	六字	凡字	小工	尺字	上字	小計
四度	上 凡 1̣ 4̣			1				一六七
	尺 合 2̣ 5̣		1					
	工 四 3̣ 6̣	4	3	1	1			
	合 上 5̣ 1	4	13		4	1		
	四 尺 6̣ 2	5	3	8	12	13		
	尺 六 2 5				3	10		
	工 五 3 6		1	3	23	25	1	
	六 仩 5 1̇	1	1	1	10	7		
	五 伬 6 2̇				4	3		
五度	上 合 1̣ 5̣	2			1			三四
	合 尺 5̣ 2		1					
	上 六 1 5	8	2	3	7	10		
七度	工 尺 3̣ 2	2	1					三

表八

字名 / 數 / 調名			正工	六字	凡字	小工	尺字	上字	小計
三音	三度	工合四 3̣ 5̣ 6̣	5	10	2	4	2		一三六
		合四上 5̣ 6̣ 1	4	1	4	3	8	1	
		四上尺 6̣ 1 2	1	13	1	9	5	2	
		一尺工 7̣ 2 3				2	6		
		尺工六 2 3 5			1	5	10		
		尺凡六 2 4 5					1		
		工六五 3 5 6	1		1	19	6	1	
		六五仩 5 6 1̇					1		
		五乙伬 6 7 2̇				1			
		五仩伬 6 1̇ 2̇				2	4		
	四度	四尺工 6̣ 2 3			1				二
		上尺六 1 2 5				1			
	六度	工上尺 3̣ 1 2				1			一
	七度	合四六 5̣ 6̣ 5	1						一

四音	單跳	合四上尺 5̣ 6̣ 1 2				1			一五
		四上尺工 6̣ 1 2 3				6	2		
		上尺工六 1 2 3 5			5				
		尺工六五 2 3 5 6				1			
	連跳	合四上工 5̣ 6̣ 1 3				2			三
		合四上六 5̣ 6̣ 1 5					1		

二、降腔

降腔恰與升腔相反，往低不往高，首音最高，依次逐音下降—順級下行或越級下跳：

㈠順級降腔：至少二音，至多六音。

1.二音：首末音的音程爲二度，見表九。

2.三音：首音至末音爲三度音程，見表十。

3.四至六音：首音至末音音程一如音數，見表十一。

㈡越級降腔，至少二音，至多五音。

1.二音：有小跳和四度、七度的大跳，見表十二。

2.三音：有小跳和四度的大跳，見表十三。

3.四至五音：都是單跳，都用小跳，見表十四（註）。

註　表十四中，雖一腔間有跳進二次的，但非連續，仍是單跳。

表九

音名 \ 字數 \ 調名	正工	六字	凡字	小工	尺字	上字	合計
乛 四 7̤ 6̤	1				0		二三二三
上 乛 1̣ 7̤	1	1					
尺 上 2̣ 1̣	4	1					
工 尺 3̣ 2̣	15	9	2	2			
凡 工 4̣ 3̣	5	7	3		1		
合 凡 5̣ 4̣	20	16	7	5	10		
四 合 6̣ 5̣	31	57	18	27	28		
一 四 7̣ 6̣	7	23	5	23	42	2	
上 一 1 7̣	52	58	32	44	67	1	
尺 上 2 1	9	29	20	85	107	12	
工 尺 3 2	46	109	56	133	156	13	
凡 工 4 3	1	2		6	28	1	
六 凡 5 4	22	33	16	113	130	9	
五 六 6 5	9	20	27	139	149	23	
乙 五 7 6			3	17	18	1	
仩 乙 1̇ 7			5	63	58	14	
伬 仩 2̇ 1̇				1	3		
仜 伬 3̇ 2̇				4	4	2	

表十

調名 / 字數 / 音名	正工	六字	凡字	小工	尺字	上字	合計
上 一 四 1 7 6	11	2	1				五八九
工 尺 上 3 2 1	2	1					
凡 工 尺 4 3 2		1					
合 凡 工 5 4 3	5	32	17	5	12	2	
四 合 凡 6 5 4					1		
一 四 合 7 6 5		2	1	5	8		
上 一 四 1 7 6	15	26					
尺 上 一 2 1 7		8	1	8	37	1	
工 尺 上 3 2 1		7	3	25	13	2	
凡 工 尺 4 3 2			2	1	3	1	
六 凡 工 5 4 3	8	1	12	49	68	6	
五 六 凡 6 5 4	1	3	4	10	11	1	
乙 五 六 7 6 5				3			
仩 乙 五 1 7 6			1	13	3		

表十一

	音名＼數字＼調名	正工	六字	凡字	小工	尺字	上字	小計
四	合凡工尺 $\underset{\cdot}{5}\ \underset{\cdot}{4}\ \underset{\cdot}{3}\ \underset{\cdot}{2}$	2	1					七四
	四合凡工 $\underset{\cdot}{6}\ \underset{\cdot}{5}\ \underset{\cdot}{4}\ \underset{\cdot}{3}$		1	1		3		
	一四合凡 $\underset{\cdot}{7}\ \underset{\cdot}{6}\ \underset{\cdot}{5}\ \underset{\cdot}{4}$					1		
	上一四合 $1\ \underset{\cdot}{7}\ \underset{\cdot}{6}\ \underset{\cdot}{5}$				2	3		
	尺上一四 $2\ 1\ \underset{\cdot}{7}\ \underset{\cdot}{6}$	2			4	3	3	
	凡工尺上 4 3 2 1					1		
	六凡工尺 5 4 3 2		2	1	7		1	
	五六凡工 6 5 4 3	1		2	13	10	4	
音	仩乙五六 $\dot{1}\ 7\ 6\ 5$				4	2		
五	一四合凡工 $\underset{\cdot}{7}\ \underset{\cdot}{6}\ \underset{\cdot}{5}\ \underset{\cdot}{4}\ \underset{\cdot}{3}$			1				一九
	尺上一四合 $2\ 1\ \underset{\cdot}{7}\ \underset{\cdot}{6}\ \underset{\cdot}{5}$				1	1		
	工尺上一四 $3\ 2\ 1\ \underset{\cdot}{7}\ \underset{\cdot}{6}$	1	8	1	1	3	1	
音	六凡工尺上 5 4 3 2 1					1		
六音	五六凡工尺上 6 5 4 3 2 1					1		一

表十二

音程	音名	正工	六字	凡字	小工	尺字	上字	小計
三度	上1 四6	1						二七二
	合5 工3	13	6	5	1	4		
	上1 四6	13	21	10	20	30	7	
	尺2 一7	1						
	凡4 尺2			4		7		
	六5 工3	1	15	5	25	39	3	
	仩1 五6			1	17	21	1	
	伬2 乙7					1		
四度	四6 工3		1					四九
	上1 合5	3	1			2		
	尺2 四6	3	6	2		1		
	凡4 上1					1		
	六5 尺2		3			2		
	五6 工3				1			
	仩1 六5				7	2		
	伬2 五6				7	7		
七度	六5 四6		1					一

表十三

音名	字數＼調名	正工	六字	凡字	小工	尺字	上字	小計
三度	合工尺 5̣ 3̣ 2̣	3	1					一四四
	四合工 6̣ 5̣ 3̣	5	19	5		1		
	上四合 1 6̣ 5̣	1	12	3	3	4		
	尺一四 2 7̣ 6̣		1			11		
	尺上四 2 1 6̣	1			2	2		
	工尺一 3 2 7̣	1				1		
	六工尺 5 3 2			1	7	13		
	五六工 6 5 3		5	1	10	14		
	仩五六 1̇ 6 5		1	2	5	6	1	
	伬乙五 2̇ 7 6				2			
四度	四工尺 6̣ 3̣ 2̣			1				六
	尺四合 2 6̣ 5̣					1		
	六尺上 5 2 1				2	1		
	伬五六 2̇ 6 5				1			

表十四

音名 \ 字數 \ 調名		正工	六字	凡字	小工	尺字	上字	小計
四音	尺一四合 2 7̣ 6̣ 5̣					2		二四
	尺上四合 2 1 6̣ 5̣		1			1		
	工上一四 3 1 7̣ 6̣	1	2		1			
	工尺上四 3 2 1 6̣				3			
	六工尺上 5 3 2 1				1	3		
	五六工尺 6 5 3 2		1	1	1	2	1	
	乙六凡工 7 5 4 3				1			
	上四合工, 1 6̣ 5̣ 3̣	2						
五音	六凡工尺一 5 4 3 2 7̣					1		三
	五六工尺上 6 4 3 2 1					1		
	上四合工,尺, 1 6̣ 5̣ 3̣ 2̣	1						

三、峯　腔

峯腔限於三音，首末音同度，中間音較首末音爲高，如峯之起，故名峯腔。它與西樂的漣音相似，但它除順級進行之外，更有三度的越級進行，見表十五。

四、谷　腔

谷腔與峯腔大同小異，異在中間音較首末音爲低，如谷之陷，故名谷腔。它與西樂逆漣音相似。它也分順級和越級，越級有三度的小跳和四度的大跳，見表十六。

五、倒　腔

倒腔也限於三音，是把三音降腔的末音倒過來作爲首音，故名曰「倒」。若是三音順級降腔，如工尺上（３２１），把末音倒作首音，便成含有小跳的倒腔—上工尺（１３２）；

表十五

音名	字數 調名	正工	六字	凡字	小工	尺字	上字	小計
順級	上尺上 1̣ 2̣ 1̣			1				一三〇
	凡合凡 4̣ 5̣ 4̣			1				
	合四合 5̣ 6̣ 5̣	10			1			
	四一四 6̣ 7̣ 6̣			1			1	
	上尺上 1 2 1		8	1	8	14		
	尺工尺 2 3 2		5		10	20		
	凡六凡 4 5 4					1		
	六五六 5 6 5	3	2		15	7		
	五乙五 6 7 6				5	8		
	仩伬仩 1̇ 2̇ 1̇				5	3		
越級	工合工 3̣ 5̣ 3̣			1				四八
	四上四 6̣ 1 6̣		4			2		
	一尺一 7̣ 2 7̣					3		
	工六工 3 5 3	3	3	1	11	5		
	五仩五 6 1̇ 6				5	3		
	乙伬乙 7 2̇ 7				7	1	1	

表十六

字數 音名 \ 調名			正工	六字	凡字	小工	尺字	上字	小計
順級		尺上尺 2̣1̣2̣	3						三九二
		工尺工 3̣2̣3̣		6					
		合凡合 5̣4̣5̣	3	4					
		四合四 6̣5̣6̣	11	31	7	15	18		
		一四一 7̣6̣7̣		2	1	2	4	1	
		上一上 1 7̣ 1		4		2	1		
		尺上尺 2 1 2	20	22	9	40	44		
		工尺工 3 2 3		4	5	23	55		
		六凡六 5 4 5			2	8	11		
		五六五 6 5 6				17	14	1	
		仩乙仩 1̇ 7 1̇				1	1		
越級	三度	合工合 5̣3̣5̣	1	2	5		5		三七
		上四上 1 6̣ 1				2	2		
		六工六 5 3 5			1	13	5	1	
	四度	上合上 1 5̣ 1		2					一九
		尺四尺 2 6̣ 2			2	9	6		

若是含有小跳的三音越級降腔，如五六工（6 5 3），倒成工五六（3 6 5），便含有四度的大跳：所以，倒腔沒有順級的，至少有三度的小跳，但大跳却止於四度。這有點像西樂的雙隣音，但並不完全相同。倒腔也可視爲三音順級升腔的摺腔，見表十七。

六、摺　腔

摺腔也限於三音，是把三音降腔的末音摺到首音與次音之間，故名。若由三音順級降腔摺成的摺腔，便含有小跳，如工尺上（3 2 1）之摺成工上尺（3 1 2）是。若由三音越級降腔摺成的，便含有大跳：如果降腔的越級在順級之前，摺成的摺腔只含單跳；反之，便成連跳，表十八中之連跳五工六（6 3 5）便由五六工（6 5 3）摺成。所以，摺腔不能成爲全部順級進行。摺腔也可視爲三音升腔的倒腔，見表十八。

七、疊　腔

疊腔必含同度的同音，至少二音，至多四音，見表十九。

表十七

音名	字數 ＼ 調名	正工	六字	凡字	小工	尺字	上字	小計
三度	凡四合 4̣ 6̣ 5̣		1					一八六
	四上一 6̣ 1 7̣		1	1				
	一尺上 7̣ 2 1		1	3		3		
	上工尺 1 3 2		1	1	14	7		
	尺凡工 2 4 3					1		
	工六凡 3 5 4	11	42	15	35	34	1	
	五仩乙 6 1̇ 7				2	8	1	
	乙伬仩 7 2̇ 1̇				2			
	仩仜伬 1̇ 3̇ 2̇				1			
四度	工四合 3̣ 6̣ 5̣	11	2	1				六六
	合上一 5̣ 1 7̣		5					
	四尺上 6̣ 2 1		3		4	4		
	尺六凡 2 5 4	1	1		2	6		
	工五六 3 6 5	1		1	4	11	4	
	上仩乙 5 1̇ 7				1			
	五伬仩 6 2̇ 1̇				4			

表十八

音 ＼ 字名／數名 ＼ 調名		正工	六字	凡字	小工	尺字	上字	小計
三度	工上尺 3̣ 1̣ 2̣	2	1					一二
	一合四 7̣ 5̣ 6̣					3		
	工上尺 3 1 2		2		2	2		
四度	合尺工 5̣ 2̣ 3̣	2						八二
	四工合 6̣ 3̣ 5̣	1	1					
	上合四 1 5̣ 6̣	5	4	2	7	8		
	尺四一 2 6̣ 7̣				1	5		
	凡上尺 4 1 2					2		
	六尺工 5 2 3		2			5		
	五工六 6 3 5					2	1	
	仩六五 1̇ 5 6				14	8	1	
	伬五乙 2̇ 6 7				7	3	1	
五度	合上尺 5̣ 1̣ 2̣	1						四
	尺合四 2 5̣ 6̣					3		
八度	六合四 5 5̣ 6̣				1			一

表十九

字數	調名 音名	正工	六字	凡字	小工	尺字	上字	小計
二音	上・ 1̣ 1̣	2	1					七三
	工・ 3̣ 3̣	2						
	合・ 5̣ 5̣		5		1	3		
	四・ 6̣ 6̣		3	2	1	2		
	一・ 7̣ 7̣					3		
	上・ 1 1	3	6	2	7	6		
	尺・ 2 2				5	2		
	工・ 3 3	1	2	2				
	六・ 5 5			1	3	6		
	五・ 6 6				2			
三音	合・・ 5̣ 5̣ 5̣		1					四
	四・・ 6̣ 6̣ 6̣		2					
	尺・・ 2 2 2	1						
四音	尺・・・ 2 2 2 2		1					二
	五・・・ 6 6 6 6					1		

疊腔的重疊同音，可以與其他的腔接合，接合於疊音之前，或後、或前後，惟與攢腔接合的，音數僅二，歸入攢腔。

㈠順級疊腔：接合情形如下：

字數	音名＼調名	正工	六字	凡字	小工	尺字	上字	小計
疊二音	合·四 5̣5̣6̣					1		三
	上·尺 112		1					
	上·尺工 1123					1		
疊三音	合··四 5̣5̣5̣6̣	1		1	1	8		二七
	一··上 7̣7̣7̣1					1		
	上··尺 1112			1	2	3		
	尺··工 2223			1	3			
	凡··六 4445				1			
	六··五 5556				2	2		

表二十

1.接合於疊音之後：

(1)疊升：疊音與升腔接合，簡稱疊升，後仿此。升腔止於三音，如上·尺工（1123），上·爲疊音，上尺工爲三音升腔，見表二十。

(2)疊降：疊音與二至五音的降腔接合，如六·凡工（5543），六·爲疊音，六凡工爲三音降腔，見表二十一。

表二十一

音名 ＼ 數 ＼ 調名	字	正工	六字	凡字	小工	尺字	上字	小計
疊二音	四・合 6 6 5	1	2	2				六八
	一・四 7 7 6			1				
	上・一 1 1 7				1	2		
	尺・上 2 2 1	1				1		
	工・尺 3 3 2	1	5			1	1	
	六・凡 5 5 4				1			
	五・六 6 6 5				2	2	1	
	上・一四 1 1 7 6	4	1		7	3		
	尺・上一 2 2 1 7					2		
	工・尺上 3 3 2 1				5		1	
	六・凡工 5 5 4 3				3	5	3	
	五・六凡 6 6 5 4					2		
	六・凡工尺 5 5 4 3 2					2		
	五・六凡工 6 6 5 4 3				1	3		
	工・尺上一四 3 3 2 1 7 6					1		

叠	四・・合 6̣ 6̣ 6̣ 5̣	5	3					九九
	一・・四 7 7 7 6̣		1			4		
	尺・・上 2 2 2 1	2	2		5	6		
	工・・尺 3 3 3 2	2	5	2	9	11		
	凡・・工 4 4 4 3					1		
三	六・・凡 5 5 5 4					2		
	五・・六 6 6 6 5	2	3	1	6	3	3	
	乙・・五 7 7 7 6				1	1		
	上・・一四 1 1 1 7̣ 6̣	13	2	1		1		
	凡・・工尺 4 4 4 3 2					1		
音	工・・尺上一四 3 3 3 2 1 7̣ 6̣		1					
叠	工・・・尺 3 3 3 3 2		4		1			六
四音	工・・・尺上一四 3 3 3 3 2 1 7̣ 6̣		1					

(3)疊峯：疊音與峯腔接合，如六·五六（5565），六·爲疊音，六五六爲峯腔，見表二十二。

(4)疊谷：疊音與谷腔接合，如六·凡六（5545），六·爲疊音，六凡六爲谷腔，見表二十二。

(5)疊簇：疊音與簇腔（見本節八）接合，如工·尺上尺（33212），工·爲疊音，工尺上尺爲簇腔，見表二十三。

(6)疊疊：疊音與疊音之間，以簇腔接合，如六·五六凡··（5565444），疊音六·與凡··之間，以簇腔六五六凡接合，見表二十四。

2.接合於疊音之前：有升疊與降疊，見表二十五。

(1)升疊：二至三音的升腔接合於疊音，如上尺··（1222），上尺爲二音升腔，尺··爲疊音。

(2)降疊：二至三音的降腔接合於疊音，如六凡··（5444），六凡爲二音降腔，凡··爲疊音。

3.接合於疊音前後：

(1)升疊：前爲升疊，後與降腔或谷腔接合，見表二十六。

表二十二

音名 \ 字數 \ 調名		正工	六字	凡字	小工	尺字	上字	小計
疊峯	合・四合 5 5 6 5					1		七
	四・一四 6 6 7 6			1			1	
	六・五六 5 5 6 5					1		
	五・乙五 6 6 7 6					3		
疊谷	工・尺工 3 3 2 3		1	1				四六
	四・合四 6 6 5 6	2	5	1	1	1		
	一・四一 7 7 6 7				1			
	上・一上 1 1 7 1		1					
	尺・上尺 2 2 1 2	1				1		
	工・尺工 3 3 2 3				5	11		
	六・凡六 5 5 4 5				3	8		
	五・六五 6 6 5 6				1			
	乙・五乙 7 7 6 7				1			
	五・・六五 6 6 6 5 6					1		

表二十三

調名 字數 音名	正工	六字	凡字	小工	尺字	上字	合計
凡・合四合 4 4 5 6 5					1		九七
工・尺上尺 3 3 2 1 2	1						
尺・上一上 2 2 1 7 1					1		
工・尺上尺 3 3 2 1 2		1			1		
五・六凡六 6 6 5 4 5				1			
工・尺上尺工 3 3 2 1 2 3				1			
尺・上一四合四 2 2 1 7 6 5 6	1						
一・・四合四 7 7 7 6 5 6					1		
尺・・上一上 2 2 2 1 7 1					1		
工・・尺上尺 3 3 3 2 1 2		1		2			
工・・尺上尺工 3 3 3 2 1 2 3					1		
工・・・尺上尺 3 3 3 3 2 1 2				1			
上・尺上尺 1 1 2 1 2				1			
合・四合凡 5 5 6 5 4	6		1	3	3		
四・一四合 6 6 7 6 5					1		

上・尺上一 1 1 2 1 7	4	3		2			
六・五六凡 5 5 6 5 4		3		34	13		
合・四合凡工 5 5 6 5 4 3		1					
凡・六凡工尺 4 4 5 4 3 2				1			
六・五六凡工 5 5 6 5 4 3					1		
六・凡六五 5 5 4 5 6					3		
四・合四合 6 6 5 6 5		1					
工・尺工尺 3 3 2 3 2				1			

表二十四

字調名／音數名	正工	六字	凡字	小工	尺字	上字	合計
六・五六凡・・ 5 5 6 5 4 4 4				1			二
六・凡六五・六凡工 5 5 4 5 6 6 5 4 3					1		

表二十五

	字調名／音數名	正工	六字	凡字	小工	尺字	上字	小計
升	上尺・・ 1 2 2 2				1			五
	六五・・ 5 6 6 6				1			
	五乙・・ 6 7 7 7				2			
疊	上尺工・ 1 2 3 3					1		
降	六凡・・ 5 4 4 4				1			五
	五六・・ 6 5 5 5				1			
	仩乙・・ 1̇ 7 7 7					1		
	上一四・ 1 7̣ 6̣ 6̣				1			
疊	五六凡・・ 6 5 4 4 4					1		

表二十六

音名 ＼ 數 ＼ 字調名		正工	六字	凡字	小工	尺字	上字	小計
升疊降	合四・合 5 6 6 5	4						三〇
	上尺・上 1 2 2 1		1		3			
	尺工・尺 2 3 3 2				1			
	仩伬・仩 1 2 2 1				1	1		
	合四・・合 5 6 6 6 5		1					
	上尺・・上 1 2 2 2 1				1			
	六五・・六 5 6 6 6 5		1					
	一上尺・上 7 1 2 2 1				1			
	上尺工・尺 1 2 3 3 2	2		2	5	1	1	
	上尺工・・尺 1 2 3 3 3 2	1		1		2		
升疊谷	上尺・上尺 1 2 2 1 2	1						二
	上尺工・尺工 1 2 3 3 2 3					1		

表二十七

調名 / 字數 / 音名		正工	六字	凡字	小工	尺字	上字	小計
降疊升	四合・・四 6 5 5 5 6					1		三
	工尺・・工 3 2 2 2 3					1		
	六凡・・六 5 4 4 4 5				1			
降疊降	尺上・・一四 2 1 1 7 6					2		一八
	五六・凡工 6 5 5 4 3					2		
	工尺・上一四 3 2 2 1 7 6		4					
	六凡工・尺 5 4 3 3 2			1		1		
	六凡工・尺上 5 4 3 3 2 1					1		
	工尺・・上 3 2 2 2 1				1			
	尺上一・・四 2 1 7 7 7 6					1		
	六凡工・・尺 5 4 3 3 3 2				2	1		
	乙五六・・凡工 7 6 5 5 5 4 3				1			
	六凡工・・・尺 5 4 3 3 3 3 2					1		
峯降疊	五六・五六 6 5 5 6 5				1			一

降	工尺・上尺 3 2 2 1 2	5	6	3	23	11		五三
	五六・凡六 6 5 5 4 5					1		
	乙五・六五 7 6 6 5 6					1		
疊	凡工尺・上尺 4 3 2 2 1 2					1		
	六凡工・尺工 5 4 3 3 2 3					1		
谷	仩乙五・六五 $\dot{1}$ 7 6 6 5 6					1		

表二十八

字數 調名 / 音名		正工	六字	凡字	小工	尺字	上字	小計
疊二音	工、‧合 3̣ 3̣ 5̣	1						五
	四‧上 6̣ 6̣ 1				1			
	一‧尺 7̣ 7̣ 2				1	1		
	合‧四上 5̣ 5̣ 6̣ 1					1		
疊三音	工、‧‧合 3̣ 3̣ 3̣ 5̣	1				1		十
	四‧‧上 6̣ 6̣ 6̣ 1				4	2		
	一‧‧尺 7̣ 7̣ 7̣ 2					1		
	工‧‧六 3 3 3 5					1		

A.升疊降：升疊之後，接合二音降腔，如尺工‧尺（2332），尺工‧爲升疊，工尺爲二音降腔。

B.升疊谷：升疊後接合谷腔，如上尺‧上尺（1212），上尺‧爲升疊，尺上尺爲谷腔。

(2)降疊：前爲降疊，後與升腔、或降腔、或峯腔、或谷腔接合，見表二十七。

A.降疊升：降疊之後，接合二音升腔，如工尺‧‧工（32223），工尺‧‧爲降疊，尺工爲二音升腔。

B.降疊降：降疊後接合二至四音的降腔，如五六‧凡工（65543），五六‧

爲降疊，六凡工爲三音降腔。

C.降疊峯：降疊後接合峯腔，如五六・五六（65565），五六・爲降疊，六五六爲峯腔。

D.降疊谷：降疊後接合谷腔，如凡工尺・上尺（432212），凡工尺・爲降疊，尺上尺爲谷腔。

(二)越級疊腔：接合情形如下：

1接合於疊音之後：

(1)疊升：疊音後接合二至三音的越級升腔，跳進都是小跳，如工・・六（3335）的工六，便是小跳；其餘如工合（3̣5̣），四上（6̣1）和一尺（7̣2）也都是小跳，見表二十八。

(2)疊降：疊音後接合二至五音的越級降腔，都用小跳，如六・工尺（5532）的六工，便是小跳；其餘如上四（16̣）、尺一（27̣）、仩五（1̇6）、工上（31）、合工（5̣3̣）、凡尺（42）和上四（16̣），也都是小跳；而且都是單跳，一腔中用單跳二次以上的，僅六、工尺一四（55327̣6̣）一例，見表二十九。

(3)疊谷：疊音後接合越級谷腔，如尺・一尺（227̣2），跳進爲小跳，且爲連跳，見

表二十九

音名＼字數＼調名		正工	六字	凡字	小工	尺字	上字	小計
疊二音	上・四 1 1 6̣	2	2		1			二一
	尺・一 2 2 7̣				2			
	六・工 5 5 3				2	1		
	仩・五 1̇ 1̇ 6				2	1		
	上・四合 1 1 6̣ 5̣				1			
	六・工尺 5 5 3 2					1		
	尺・一四合 2 2 7̣ 6̣ 5̣				1			
	工・上一四 3 3 1 7̣ 6̣		3			1		
	六・工尺一四 5 5 3 2 7̣ 6̣					1		
疊三	合・・工 5̣ 5̣ 5̣ 3̣	2						三一
	上・・四 1 1 1 6̣	2	7	1	2	3	1	
	尺・・一 2 2 2 7̣					1		
	凡・・尺 4 4 4 2			1		、		
	六・・工 5 5 5 3		2			2		
	仩・・五 1̇ 1̇ 1̇ 6			1	3			

	上・・四合 1 1 1 6̣ 5̣		1					
	尺・・上四合 2 2 2 1 6̣ 5̣					1		
音	六・・工尺上 5 5 5 3 2 1		1					
疊四音	上・・・四 1̣ 1̣ 1̣ 1̣ 6̣	1						二
	上・・・四 1 1 1 1 6				1			

表三十

音名＼字數＼調名		正工	六字	凡字	小工	尺字	上字	小計
疊谷	尺・一尺 2 2 7 2				1			一
疊摺	上・合四 1 1 5 6					1		一
疊疊	六・工尺・上四・合上一四 5 5 3 2 2 1 6 6 5 1 7 6					1		五
	尺・上尺上・・四 2 2 1 2 1 1 1 6					1		
	工・四合凡工・尺上尺 3 3 6 5 4 3 3 2 1 2	3						
疊頓	六・凡五 5 5 4 6				2			三
	工・・尺六 3 3 3 2 5					1		

表三十。

(4)疊摺：疊音後接合摺腔，如上・合四（1 1 5 6），上・爲疊音，上合四爲四度大跳的摺腔，見表三十。

(5)疊疊：疊音與疊音之間，用降腔或簇腔相接合。表三十疊疊欄中首列的六工尺（5 3 2）和尺上四（2 1 6）都是降腔；二三列的尺上尺上（2 1 2 1）和工四合凡工（3 6 5 4 3）都是簇腔。跳進都是小跳，只有首列中的合上（5 1）是四度的大跳。

(6)疊頓：疊音後接合頓腔（見本節十），如表三十疊頓欄的六凡五（5 4 6）和工尺六（3 2 5），都是頓腔。跳進有小跳和四度的大跳。

表三十一

		調名／字數／音名	正工	六字	凡字	小工	尺字	上字	小計
單	小	工・合四合 3̣ 3̣ 5̣ 6̣ 5̣		1					二二
		合・凡工合 5̣ 5̣ 4̣ 3̣ 5̣	5						
		上・一四上 1 1 7̣ 6̣ 1	1			1			
		尺・一四一 2 2 7̣ 6̣ 7̣				2			
		六・凡工六 5 5 4 3 5				2	1		
		仩・五六五 1̇ 1̇ 6 5 6				1			
		六・凡六五仩 5 5 4 5 6 1̇					1		
		五・六工尺上尺 6 6 5 3 2 1 2					1		
		仩・五六五六凡 1̇ 1̇ 6 5 6 5 4					1		
		仩・・五六五 1̇ 1̇ 1̇ 6 5 6				1	1		
		仩・・五六五六凡 1̇ 1̇ 1̇ 6 5 6 5 4			1				
		六・・工尺工上 5 5 5 3 2 3 1					1		
	跳	仩・・五六凡工六 1̇ 1̇ 1̇ 6 5 4 3 5				1			

	大	合・上一四 5̣ 5̣ 1 7̣ 6̣				1			一〇
		尺・六凡工 2 2 5 4 3						1	
		工・五六凡 3 3 6 5 4				1	1		
		四・尺上一四 6̣ 6̣ 2 1 7̣ 6̣	2						
		工・五六凡工尺 3 3 6 5 4 3 2				2			
		合・凡工四 5̣ 5̣ 4̣ 3̣ 6̣	1						
跳	跳	凡・上尺四合 2 2 1 2 6̣ 5̣		1					
連	小	五・・六工六工 6 6 6 5 3 5 3					1		三
		五・・六凡工六工 6 6 6 5 4 3 5 3					1		
	跳	六・・・凡工六工 5 5 5 5 4 3 5 3				1			
	大	合・工合尺上 5̣ 5̣ 3̣ 5̣ 2̣ 1̣	2						四
		五・六凡五工尺 6 6 5 4 6 3 2		1					
跳	跳	五・・六凡五工尺 6 6 6 5 4 6 3 2		1					

(7)疊簇：疊音後接合簇腔，如仩・五六五（i̇ i̇ 6 5 6）的仩五六五，便是簇腔。跳進分單跳與連跳，見表三十一。

A.單跳：有小跳與四度的大跳，大跳都向上跳，下跳的僅尺・上尺四合（2 2 1 2 6̣ 5̣）一例。

B.連跳：有小跳與四度的大跳，大跳都在小跳之後作反向的跳進。

2 接合於疊音之前：

(1)升疊：疊音之前接升腔，如工六・・（3 5 5 5），工六（3 5）爲二音越級升腔，六・・（5 5 5）爲疊音，見表三十二。

(2)降疊：疊音之前接降腔，如五六工尺・（6 5 3 2 2），五六工尺（6 5 3 2）爲四音越級降腔，尺・（2 2）爲疊音，見表三十二。

表三十二

音	數名 \ 字調名	正工	六字	凡字	小工	尺字	上字	小計
升疊	工六・・ 3 5 5 5				2			二
降疊	上四・ 1 6̣ 6̣		1					二
	五六工尺・ 6 5 3 2 2				1			
頓疊	凡工六・ 4 3 5 5					1		一

(3)頓疊：疊音之前接頓腔，如凡工六・（4 3 5 5），凡工六（4 3 5）爲頓腔，

六・（55）爲疊音，見表三十二。

3.接合於疊音前後：

(1)升疊：前爲升疊，後與降腔、或谷腔、或簇腔接合，見表三十三。

A.升疊降：跳進都是單跳，有小跳和四度大跳。

B.升疊谷：跳進都是小跳。

C.升疊簇：表中尺六凡工（2543）和六凡工六（5435）都是簇腔；跳進有小跳和四度的大跳。

(2)降疊：前爲降疊，後與升腔、或降腔、或簇腔、或疊腔接合，見表三十四。

A.降疊升：跳進爲小跳。

B.降疊降：都是單跳，有小跳和四度的大跳。

C.降疊簇：都是單跳，有小跳和四度的大跳。

D.降疊疊：疊音與疊音之間，以小跳接合。

(3)峯疊：前爲峯疊，後與降腔、或簇腔、或頓腔接合。跳進都是小跳，單跳較少，占三分之一弱，其餘的都是連跳，見表三十五。

(4)倒疊：前爲倒疊，後與降腔或簇腔接合，跳進除小跳外，尙有四度的大跳；單跳

表三十三

	字調名／數／音名	正工	六字	凡字	小工	尺字	上字	小計
升	四上・一四 6 1 1 7 6	1	11					六八
	一尺・上一 7 2 2 1 7					1		
	工六・凡工 3 5 5 4 3		6		1			
	五仩・乙五 6 1 1 7 6			1	15	2	1	
	乙伬・仩乙 7 2 2 1 7			1	2		2	
	五仩・・五 6 1 1 1 6					1		
	尺工六・凡 2 3 5 5 4				1			
	工合四・合 3 5 6 6 5	2						
	四上尺・上 6 1 2 2 1		1			1		
叠	工六五・六 3 5 6 6 5				4	3		
	工六五・・六 3 5 6 6 6 5					1		
	工四・合 3 6 6 5	1						
	一工・尺 7 3 3 2					1		
	工五・六 3 6 6 5						1	
	尺六・凡工 2 5 5 4 3					1		

	工六・工 3 5 5 3				3			
	合四上・四 5̣ 6̣ 1 1 6̣	1						
	尺工六・工 2 3 5 5 3				1			
降	尺工六・工尺一 2 3 5 5 3 2 7̣					1		
升疊谷	合四上・一上 5̣ 6̣ 1 1 7̣ 1	1						二
	尺工六・凡六 2 3 5 5 4 5					1		
升疊簇	工六・・凡工六 3 5 5 5 4 3 5				1			六
	尺工六・凡工六 2 3 5 5 4 3 5					3		
	一尺・六凡工 7̣ 2 2 5 4 3				2			

表三十四

音名	字數 ＼ 調名	正工	六字	凡字	小工	尺字	上字	小計
降疊升	六工・・六 5 3 3 3 5					1		一
降疊降	上四・合 1 6̣ 6̣ 5̣	2	1		3	2		二三
	六工・尺 5 3 3 2				1			
	仩五・六 1̇ 6 6 5						1	
	尺上・四合 2 1 1 6̣ 5̣					1		
	上四・・合 1 6̣ 6̣ 6̣ 5̣				2			
	尺一・・四 2 7̣ 7̣ 7̣ 6̣					1		
	六工・・尺 5 3 3 3 2					3		
	五六工・尺 6 5 3 3 2					1		
	五六凡工尺上・四 6 5 4 3 2 1 1 6̣					1		
	五六工・・尺 6 5 3 3 3 2					1		
	一四合・・・凡尺上 7̣ 6̣ 5̣ 5̣ 5̣ 5̣ 4̣ 2̣ 1̣	1		1				
	六凡工・尺四 5 4 3 3 2 6̣		1					
降疊簇	六凡・尺上尺 5 4 4 2 1 2			1				五
	工尺・工六凡工 3 2 2 3 5 4 3					2		
	六凡工・・尺工六 5 4 3 3 3 2 3 5					1		
	乙五六・凡工五 7 6 5 5 4 3 6				1			
降疊疊	六凡工・六・ 5 4 3 3 5 5				2			二

表三十五

音名		字數　調名	正工	六字	凡字	小工	尺字	上字	小計
峯疊	峯疊	上尺上・四 1 2 1 1 6̣		1		1			三〇
		五仩五・六 6 1̇ 6 6 5		2		8		3	
		一尺一・四合 7̣ 2 7̣ 7̣ 6̣ 5̣					2		
		上尺上・・四 1 2 1 1 1 6̣	3	2	2				
		四上四・・合 6̣ 1 6̣ 6̣ 6̣ 5̣				1			
		工六工・・尺 3 5 3 3 3 2	1		1	1			
		五仩五・・六 6 1̇ 6 6 6 5			1				
	降	工六工・・・尺 3 5 3 3 3 3 2	1						
	峯疊簇	工合工・・尺上尺 3̣ 5̣ 3̣ 3̣ 3̣ 2̣ 1̣ 2̣	1						五
		一尺一・四合四 7̣ 2 7̣ 7̣ 6̣ 5̣ 6̣					1		
		工六工・尺上尺 3 5 3 3 2 1 2					2		
		尺工尺・一四合四 2 3 2 2 7̣ 6̣ 5̣ 6̣					1		
	峯疊頓	尺工尺・・上工 2̣ 3̣ 2̣ 2̣ 2̣ 1̣ 3̣					1		二
		尺工尺・・上工 2 3 2 2 2 1 3			1				
倒疊	倒疊降	合上四。・合 5̣ 1 6̣ 6̣ 6̣ 5̣				1			二
		仩仜伬・・仩 1̇ 3̇ 2̇ 2̇ 2̇ 1̇					1		
	倒疊簇	上工尺・上四上 1 3 2 2 1 6̣ 1	1						一

占三分之二，連跳占三分之一，見表三十五。

(5)簇疊：前爲簇疊，後與升腔、或降腔、或谷腔、或簇腔、或疊腔、或頓腔接合。跳進有小跳和四度的大跳，小跳占百分之七二・七；有單跳和連跳，連跳占百分之二四・二；見表三十六。

(6)頓疊：前爲頓疊，後與降腔、或簇腔、或疊腔接合。跳進有小跳，四度和五度的大跳，大跳占百分之六六・六；有單跳和連跳，連跳占百分之二二・二，見表三十七。

(7)豁疊：前爲豁疊（豁腔見本節十一），後與降腔接合。表三十七中之乙伬五（7 2̇ 6）和工六尺（3 5 2），卽爲豁腔。跳進只有連跳，用小跳和四度的大跳。

八、簇　腔

凡四音以上，又不能歸入升、降、疊、擻、頓、豁諸腔的，都算是簇腔。簇腔是兩種以上的複腔接合而成，可說是複腔的複腔，故名曰「簇」。

簇腔的分析，先看首三音是什麼腔，便定爲什麼簇；然後自第三音開始作下一腔的分析，以此類推下去。如上工四合凡工四合四（1 3 6̣ 5̣ 4̣ 3̣ 6̣ 5̣ 6̣）中，首三音爲上工四，是

表三十六

音名／字數／調名		正工	六字	凡字	小工	尺字	上字	小計
簇疊升	五仩五六凡・六 6 1̇ 6 5 4 4 5				2			二
簇	六凡工六五・六 5 4 3 5 6 6 5					1		一九
	尺上一四上・・四 2 1 7̣ 6̣ 1 1 1 6̣				1			
	上尺上四・合 1 2 1 6̣ 6̣ 5̣	1						
	六五六工・・尺 5 6 5 3 3 3 2				1			
	六五六工・・尺 5 6 5 3 3 3 2	2						
	五仩五六工・尺 6 1̇ 6 5 3 3 2				1			
	五仩五六工・・尺 6 1̇ 6 5 3 3 3 2					1		
	六五六凡工六・・工 5 6 5 4 3 5 5 5 3				1			
疊	六五六五仩・・五 5 6 5 6 1̇ 1̇ 1̇ 6				1			
	尺工尺上・・・四 2 3 2 1 1 1 1 6̣					1		
	六五六工・・・尺 5 6 5 3 3 3 3 2	1						
	四上四合工・尺 6̣ 1 6̣ 5̣ 3̣ 3̣ 2̣	1						
	工六工尺上・・四 3 5 3 2 1 1 1 6̣				1			

	尺上尺上・・四 2 1 2 1 1 1 6					1		
	合上一四・合 5 1 7 6 6 5		1					
	合上四合工・尺 5 1 6 5 3 3 2	2						
降	一上四合・・・工尺上 7 1 6 5 5 5 5 3 2 1	1						
簇疊谷	工尺工六・凡六 3 2 3 5 5 4 5					1		一
簇	合四上一四上・一四上 5 6 1 7 6 1 1 7 6 1	1						八
	上尺六凡・尺上尺上四 1 2 5 4 4 2 1 2 1 6			1		1		
	尺工尺六・凡工六 2 3 2 5 5 4 3 5					1		
疊	工六工六・凡工六 3 5 3 5 5 4 3 5				1			
	六五六工・・尺上尺 5 6 5 3 3 3 2 1 2				1			
	工尺工六・凡工六 3 2 3 5 5 4 3 5					1		
簇	工四合凡工・尺上尺 3 6 5 4 3 3′2 1 2	1						
簇疊疊	尺工尺上四・合・四合 2 3 2 1 6 6 5 5 6 5		1					一
簇疊頓	上一四上・四尺 1 7 6 1 1 6 2	2						二

表三十七

音名 \ 字數 \ 調名			正工	六字	凡字	小工	尺字	上・字	小計
頓疊	頓疊降	尺上六・凡 2 1 5 5 4					2		六
		凡工四・・合 4 3 6 6 6 5		1					
		一四尺・・上 7 6 2 2 2 1				1			
		凡工六・工 4 3 5 5 3				1			
		上四尺・上 1 6 2 2 1				1			
	頓疊簇	一四上・一四上 7 6 1 1 7 6 1	1						二
		凡工六・凡工六 4 3 5 5 4 3 5					1		
	頓疊疊	六工五・六工・・尺 5 3 6 6 5 3 3 3 2	1						一
豁疊降		乙伬五・六 7 2 6 6 5					1		三
		工六尺・・上 3 5 2 2 2 1				1	1		

豁腔，於是這腔便歸入豁簇；然後自第三音「四」開始，往下合凡工都是順級下降，至第七音「四」是上跳而非下降，所以次一個腔便至第六音「工」而止，是降腔；再自第六音「工」開始，至第七音「四」而止，這是升腔；再自第七音「四」開始，至末為四合四，是谷腔；於是這簇腔便算是豁簇中的豁降升谷。

簇腔，西樂中稱為「音群」。西樂的音群，有詳盡而又科學的分析；而本書之於簇腔，卻是草草中的草草，僅以複腔的種類加之於簇腔而已。

為了避免重複，將疊、擻、頓三腔各還其本來，此處不列。而且簇腔中的豁，是限於用實音的豁：用符號「ノ」的豁，統歸之於豁腔，詳本節十一。

調名／字數／音名	正工	六字	凡字	小工	尺字	上字	合計
凡合四合 4 5 6 5		3					三四
合四一四 5 6 7 6	1						
一上尺上 7 1 2 1			1	1	3		
上尺工尺 1 2 3 2	3	1	1	7	9	1	
上尺工尺上 1 2 3 2 1				2	1		

表三十八

㈠順級簇腔：

1升簇：前為升腔，與升腔相接合的，只有降腔，如上尺工尺（1232），上尺工為升腔，工尺為降腔。升腔必三音，降腔可二音，可三音，見表三十八。

表三十九

字數／調名 音名		正工	六字	凡字	小工	尺字	上字	小計
降	工尺上尺 3 2 1 2	11	3					一九七
	一四合四 7 6 5 6		1	1				
	尺上一上 2 1 7 1	1		1	8	1		
	工尺上尺 3 2 1 2	6	8	17	49	23	1	
	五六凡六 6 5 4 5					4		
	乙五六五 7 6 5 6				2			
	上一四合四 1 7 6 5 6		4	1				
	凡工尺上尺 4 3 2 1 2			3	1	1		
	六凡工尺工 5 4 3 2 3		3	5	5	10		
	仜乙五六五 1 7 6 5 6				3	5		
	合凡工尺上尺 5 4 3 2 1 2	1						
	六凡工尺上尺 5 4 3 2 1 2	1	1			3		
	仜乙五六凡六 1 7 6 5 4 5				1			
	工尺上一四合四 3 2 1 7 6 5 6		3					

升	工尺上工尺 3 2 1 2 3（下加點）		1					
	工尺上尺工 3 2 1 2 3	1	1		3	2		
	六凡工尺上尺工 5 3 2 2 1 2 3					1		
降峯	工尺上尺上 3 2 1 2 1				1			一
降	凡工尺工尺上 4 3 2 3 2 1					1		三
峯	乙五六五六凡 7 6 5 6 5 4					1		
降	工尺上尺上一四 3 2 1 2 1 7 6		1					

2.降簇：前為降腔，後與升腔或峯腔接合，或於峯腔之後再接合降腔，見表三十九。

(1)降升：降腔至少三音，可多至六音；升腔為二至三音。如六凡工尺上尺工（5 4 3 2 1 2 3），六凡工尺上為五音降腔，上尺工為三音升腔。

(2)降峯：降腔為三音，如工尺上尺上（3 2 1 2 1），工尺上為三音降腔，上尺上為峯腔。

(3)降峯降：降峯之後，再接合降腔，如凡工尺工尺上（4 3 2 3 2 1），凡工尺工尺為降峯，尺上為降腔。

3.峯簇：峯腔與升、降、峯、谷諸腔接合，情形如下：

(1)峯升：峯腔與升腔接合，如上尺上尺（1 2 1 2），上尺上為峯腔，上尺為升腔，見表四十。

表四十

字數＼調名／音名	正工	六字	凡字	小工	尺字	上字	合計
合四合四 5̣ 6̣ 5̣ 6̣						1	四
上尺上尺 1 2 1 2	1			1			
六五六五 5 6 5 6		1					

(2)峯降：峯腔與二至五音的降腔接合，降腔之後，可更接合升腔或峯腔，見表四十一。

(3)峯峯：峯腔疊接，最後可更接合降腔至三音，見表四十二。

表四十一

字數 調名 / 音名		正工	六字	凡字	小工	尺字	上字	小計
峯	凡合凡工 4543	1	1					二六一
	合四合凡 5654	13	1		4	9		
	四一四合 6765				1	1		
	上尺上一 1217	4	7	1	1	4		
	尺工尺上 2321		4	1	27	18		
	凡六凡工 4543				1			
	六五六凡 5654		5	3	46	24	2	
	五乙五六 6765					3		
	仩伬仩乙 1217				3	4		
	上尺上一四 12176	1						
	合四合凡工 56543	3	1	3	1	1		
	一上一四合 71765			1	2	1		
	上尺上一四 12176	3	3		2	6	1	
	凡六凡工尺 45432				1	1		

	六五六凡工 5 6 5 4 3			3	16	14		
	仩伬仩乙五 1̇ 2̇ 1̇ 7 6				2	2		
	尺工尺上一四 2 3 2 1 7̣ 6̣		1				1	
降	六五六凡工尺 5 6 5 4 3 2					2		
峯	尺工尺上一上 2 3 2 1 7̣ 1				1			三
降	尺工尺上一四合四 2 3 2 1 7̣ 6̣ 5̣ 6̣	1						
升	六五六凡工尺上尺 5 6 5 4 3 2 1 2					1		
峯降峯	六五六凡工尺工尺 5 6 5 4 3 2 3 2				1			一

(4)峯谷：峯腔與谷腔接合，見表四十二。

4.谷簇：谷腔與升腔、或降腔、或谷腔接合，見表四十二。

(1)谷升：谷腔與二音升腔接合。

(2)谷降：谷腔與二至四音的降腔接合。谷降之後，可更接合二音升腔。

(3)谷谷：谷腔疊接。

(二)越級簇腔：

1.升簇：前為升腔，後與降腔接合；降腔之後，可更接合升腔或峯腔。

(1)升降：升腔與二至五音的降腔接合。跳進有小跳與大跳。

A.小跳：有單跳與連跳，見表四十三。

(a)單跳：大部分向上跳升，下跳的只占百分之二・五三。

(b)連跳：上跳後必定反行下跳。

B.大跳：有四度和五度的跳升，連跳則每腔只有一個大跳，其餘的都是小跳，見表四十四。

(2)升降升：升降之後，再接升腔，有小跳和四度的大跳，見表四十五。

(3)升降峯升：升降之後，再接峯升，有小跳和四度的大跳，見表四十五。

表四十二

音名		字數	正工	六字	凡字	小工	尺字	上字	小計
峯	峯	合四合四合 5 6 5 6 5	3						五
	峯	六五六五六 5 6 5 6 5	1			1			
	峯峯降	六五六五六凡工 5 6 5 6 5 4 3				1	1		二
	峯	尺工尺上尺 2 3 2 1 2		3					二二
		合四合凡合 5 6 5 4 5			1				
		四一四合四 6 7 6 5 6				1			
		尺工尺上尺 2 3 2 1 2				3	9		
簇	谷	五乙五六五 6 7 6 5 6				1	4		
谷	谷	尺上尺工 2 1 2 3	3						二〇
		尺上尺工 2 1 2 3	1			7	3	1	
	升	六凡六五 5 4 5 6				4	1		
	谷	工尺工尺 3 2 3 2				2			一二
		五六五六 6 5 6 5				2			
		四合四合凡 6 5 6 5 4		1					
		五六五六凡 6 5 6 5 4				4	2		
	降	五六五六凡工 6 5 6 5 4 3				1			
	谷降升	工尺工尺上尺 3 2 3 2 1 2	2	1					三
簇	谷谷	五六五六五 6 5 6 5 6				1			一

表四十三

字數 ＼ 調名 音名		正工	六字	凡字	小工	尺字	上字	小計
單	工合四合 3̣5̣6̣5̣	3	1		1	1		八六
	合四上一 5̣6̣17̣				1	1		
	尺工六凡 2354				2	2		
	工六五六 3565				2	2		
	六五仩乙 561̇7				1	1		
	合四上一四 5̣6̣17̣6̣	14	3	1	1			
	尺工六凡工 23543				3	4		
	六五仩乙五 561̇76				1			
	上尺工尺上四 123216̣				2			
	工合四合凡工 3̣5̣6̣5̣4̣3̣		2					
	四上尺上一四 6̣12177̣6̣	3	3	3		1		
	尺凡六凡工尺 245432					1		
	工六五六凡工 356543		1	1	1	3		
	五仩伬仩乙五 61̇2̇1̇76				1	4		

	合四上尺上一四 5̣ 6̣ 1 2 1 7̣ 6̣	2							
	上尺凡六凡工尺 1 2 4 5 4 3 2					1			
	尺工六五六凡工 2 3 5 6 5 4 3				2	3			
	四上尺上四 6̣ 1 2 1 6̣		1	1					
	工六五六工 3 5 6 5 3		1		2		1		
跳	工六五六工尺 3 5 6 5 3 2				1				
連	合四上四 5̣ 6̣ 1 6̣	1	1					八
	尺工六工 2 3 5 3					2			
	六五仩五 5 6 1̇ 6				2				
	上尺工六工 1 2 3 5 3					1			
跳	上尺工六工尺 1 2 3 5 3 2			1					

表四十四

音名 \ 字數 \ 調名		正工	凡字	小工	尺字	上字	小計
單跳	上尺六凡工 1 2 5 4 3				1		二
	上尺四合工 1 2 6̣ 5̣ 3̣	1					
連跳	上尺合工 1̣ 2̣ 5̣ 3̣	1					二
	工四上四合工尺 3̣ 6̣ 1 6̣ 5̣ 3̣ 2̣	1					

表四十五

音名 \ 字數 \ 調名			正工	六字	凡字	小工	尺字	上字	小計
升降升	小跳	尺工六凡工六 2 3 5 4 3 5					4		五
		六五仩五六五 5 6 1̇ 6 5 6				1			
	大跳	合上工尺上尺六 5̣ 1 3 2 1 2 5				1			二
		上尺六凡工 1 2 5 4 3					1		
升降峯升		合上工上尺上尺 5̣ 1 3 1 2 1 2				1			一

表四十六

字數／調名／音名	正工	六字	凡字	小工	尺字	上字	合計
合工尺工 5̣ 3̣ 2̣ 3̣	1						一九八
合凡工合 5̣ 4̣ 3̣ 5̣	6	17	8		5		
一四合一 7̣ 6̣ 5̣ 7̣					3		
上四合四 1 6̣ 5̣ 6̣	1		2		2		
上一四上 1 7̣ 6̣ 1	4	5	3	11	21		
尺一四一 2 7̣ 6̣ 7̣				1			
尺上一尺 2 1 7̣ 2			2		2		
凡工尺凡 4 3 2 4					3		
六工尺工 5 3 2 3			1		2		
六凡工六 5 4 3 5			6	16	24	2	
乙五六乙 7 6 5 7					2		
仩五六五 1̇ 6 5 6				3	1		
仩乙五仩 1̇ 7 6 1̇					1		
合凡工合四 5̣ 4̣ 3̣ 5̣ 6̣	1						
上一四上尺 1 7̣ 6̣ 1 2		4	1	7	4		

六凡工六五 5 4 3 5 6				1			
上一四上尺工 1 7 6 1 2 3	3						
四合凡工合 6 5 4 3 5		1					
尺一四合四 2 7 6 5 6					1		
尺上四合四 2 1 6 5 6					1		
尺上一四上 2 1 7 6 1				2		1	
六工尺上尺 5 3 2 1 2				2	3		
六凡尺上尺 5 4 2 1 2			1				
五六凡工六 6 5 4 3 5			1	3	1		
工尺上一尺工 3 2 1 7 2 3					1		
六凡工尺工六 5 4 3 2 3 5					1		
乙五六凡工六 7 6 5 4 3 5				1			
上四合凡工合 1 6 5 4 3 5	1						
仩五六凡工六 1 6 5 4 3 5				1			

表四十七

字音 \ 數名 \ 調名	正工	六字	凡字	小工	尺字	上字	合計
四合工,合 $\underset{\cdot}{6}\ \underset{\cdot}{5}\ \underset{\cdot}{3}\ \underset{\cdot}{5}$	1	1	1				一四
尺上四上 $2\ 1\ \underset{\cdot}{6}\ 1$					1		
五六工六 6 5 3 5				3	1		
四合工,合四 $\underset{\cdot}{6}\ \underset{\cdot}{5}\ \underset{\cdot}{3}\ \underset{\cdot}{5}\ \underset{\cdot}{6}$	1						
工尺一尺工 $3\ 2\ \underset{\cdot}{7}\ 2\ 3$				3			
尺上四上尺工 $2\ 1\ \underset{\cdot}{6}\ 1\ 2\ 3$				1			
尺一合四 $2\ \underset{\cdot}{7}\ \underset{\cdot}{5}\ \underset{\cdot}{6}$					1		

2.降簇：三至五音的降腔與升腔或峯腔接合。

(1)降升：跳進不論單跳或連跳，都有小跳和大跳。

A.小跳：有單跳和連跳。單跳見表四十六。連跳見表四十七。

B.大跳：自四度至七度，單跳連跳均有，見表四十八。

降升之後，再接合降腔、或升腔、或谷腔，見表四十九。

(2)降峯：不論單跳或連跳，都爲小跳，見表五十。

3.峯簇：前爲峯腔，後與升腔、或降腔、或峯腔、或谷腔、或頓腔接合。

(1)峯升：峯腔與升腔接合，升腔之後，可更接合降腔，見表五十一。

表四十八

音		字名 數 調名	正工	六字	凡字	小工	尺字	上字	小計
單	四	合凡工四 5̣ 4̣ 3̣ 6̣			1				三四
		一四合上 7̣ 6̣ 5̣ 1				3	2		
		上一四尺 1 7̣ 6̣ 2	2	3	1	6	2		
		尺上一工 2 1 7̣ 3					2		
		凡工尺六 4 3 2 5			1		2		
		六凡工五 5 4 3 6				1	3		
		乙五凡乙 7 6 4 7					1		
		仩五六仩 1̇ 6 5 1̇					1		
		一四合上尺 7̣ 6̣ 5̣ 1 2				1			
		尺上一四尺 2 1 7̣ 6̣ 2				1			
	度	乙五六凡工五 7 6 5 4 3 6					1		
	五度	一四合尺 7̣ 6̣ 5̣ 2			1				一
	六	合凡工上 5̣ 4̣ 3̣ 1				1			二
	度	合凡工上尺 5̣ 4̣ 3̣ 1 2				1			
	七	上一四六 1 7̣ 6̣ 5	4		1	1	2		九
跳	度	尺上尺工 2 1 2̣ 3̣	1						
連	四度	五六工五 6 5 3 6				1	1		二
跳	六度	尺上工合 2 1 3̣ 5̣	1						一

表四十九

音	名	字數名 ＼ 調名	正工	六字	凡字	小工	尺字	上字	小計
降	單	凡工尺工上 4 3 2 3 1			1				一〇
		仩五六五六凡 1 6 5 6 5 4			1				
		上一四上尺上一四 1 7 6 1 2 1 7 6	3						
		上一四上尺上四 1 7 6 1 2 1 6	1						
	跳	上一四六凡工 1 7 6 5 4 3					4		
	連	五六工六凡工 6 5 3 5 4 3				1			一五
		六凡工六五仩五六工 5 4 3 5 6 1 6 5 3					1		
升		合凡工合尺上 5 4 3 5 2 1	4		1				
		六凡工六尺上 5 4 3 5 2 1					2		
		五六凡五工尺 6 5 4 6 3 2					1		
		上一四上合凡工 1 7 6 1 5 4 3		1					
		仩乙五仩六凡工 1 7 6 1 5 4 3					1		
		六凡工六仩五六 5 4 3 5 1 6 5				1			
降	跳	上一四六工 1 7 6 5 3					2		
降	單	上一四上一四尺 1 7 6 1 7 6 2	2						三
升	跳	五六凡工五六凡工尺工 6 5 4 3 6 5 4 3 2 3					1		
降升	連跳	工尺上尺工六工尺上尺 3 2 1 2 3 5 3 2 1 2					1		一
降升	單	上一四上尺上尺 1 7 6 1 2 1 2	1						三
谷	跳	凡工尺凡六凡六 4 3 2 4 5 4 5					2		

表五十

字調數名 音名		正工	六字	凡字	小工	尺字	上字	小計
降峯	六凡工六工 5 4 3 5 3					1		二
	尺上一四上四 2 1 $\underset{\cdot}{7}$ $\underset{\cdot}{6}$ 1 $\underset{\cdot}{6}$				1			
降峯升	六凡工六尺六 5 4 3 5 2 5				1			一
降峯谷	合工尺工尺上尺 $\underset{\cdot}{5}$ $\underset{\cdot}{3}$ $\underset{\cdot}{2}$ $\underset{\cdot}{3}$ $\underset{\cdot}{2}$ $\underset{\cdot}{1}$ $\underset{\cdot}{2}$		2					三

表五十一

字調數名 音名		正工	六字	凡字	小工	尺字	上字	小計
峯升	工六工六 3 5 3 5			1				一
峯升降	六五六五仩五 5 6 5 6 $\dot{1}$ 6				1			一

表五十二

字調名 數 音名	正工	六字	凡字	小工	尺字	上字	合計
凡合凡尺 4 5 4 2			1				八八
合四合工 5 6 5 3	2	1	1		1		
上尺上四 1 2 1 6	14	6	3	7	7	1	
尺工尺一 2 3 2 7					2		
六五六工 5 6 5 3				8	3	1	
仩伬仩五 1 2 1 6				2			
合四合工尺 5 6 5 3 2	4						
上尺上四合 1 2 1 6 5		10			2		
尺工尺一四 2 3 2 7 6					1		
六五六工尺 5 6 5 3 2	1			1	5		
仩伬仩五六 1 2 1 6 5				1			
六五六工尺上 5 6 5 3 2 1				2			
六五六工尺上四 5 6 5 3 2 1 6					1		

表五十三

音	字數名＼調名	正工	六字	凡字	小工	尺字	上字	小計
小	工合工尺 3 5 3 2	4	4					二七二
	四上四合 6 1 6 5	4	18	5	3	1		
	一尺一四 7 2 7 6		1		2	2		
	尺凡尺上 2 4 2 1				2			
	工六工尺 3 5 3 2	9	5		19	25		
	五仩五六 6 1 6 5		4	8	41	37	3	
	乙伬乙五 7 2 7 6			1	1			
	工合工尺上 3 5 3 2 1	1						
	一尺一四合 7 2 7 6 5	3	1	2		3		
	工六工尺上 3 5 3 2 1	1		1	16	7		
	乙伬乙五六 7 2 7 6 5					1		
	仜𠆾仜伬仩 3 5 3 2 1					1		
	工六工尺上一 3 5 3 2 1 7					2		
	五仩五六凡工 6 1 6 5 4 3				1			

	工合工尺上一四 3 5 3 2 1 7 6		1					
	四上四合工 6 1 6 5 3	2	4	2	2	3	1	
	工六工尺一 3 5 3 2 7					1		
	五仩五六工 6 1 6 5 3				3	7		
	四上四合工尺 6 1 6 5 3 2	3	1					
	工六工尺上四 3 5 3 2 1 6					1		
跳	五仩五六工尺 6 1 6 5 3 2				2			
大跳	上六上一四 1 5 1 7 6				1			

表五十四

字音 數名		調名	正工	六字	凡字	小工	尺字	上字	小計
峯	單	上尺上一四上 1 2 1 7 6 1				1	2		一九
		六五六凡工六 5 6 5 4 3 5			2		1		
		合四合工尺上尺 5 6 5 3 2 1 2	5						
		尺工尺一四合四 2 3 2 7 6 5 6					2		
		尺工尺上一四上 2 3 2 1 7 6 1				1			
降	跳	六五六工尺上尺 5 6 5 3 2 1 2	1	1	1	2			
	連	工合工尺上尺 3 5 3 2 1 2	2						二五
		尺工尺上四上 2 3 2 1 6 1	1						
		工六工尺上尺 3 5 3 2 1 2	3	1	2	6	6	1	
		凡五凡工尺工 4 6 4 3 2 3					1		
升	跳	乙伬乙五六五 7 2 7 6 5 6					2		
峯降	單跳	合四合凡工尺合四合 5 6 5 4 3 2 5 6 5	1						一
升降	連跳	五仩五六工六凡工 6 1 6 5 3 5 4 3					1		一

表五十五

字數 調名 音名			正工	六字	凡字	小工	尺字	上字	小計
峯降峯	連跳	工六工尺上尺上 3 5 3 2 1 2 1				1			一
峯降峯降	單跳	六五六工尺工尺上 5 6 5 3 2 3 2 2 1					2		二
	連跳	六五六凡工六工尺上 5 6 5 4 3 5 3 2 1					1		一
峯降峯 降升	連跳	六五六凡工六工尺上尺 5 6 5 4 3 5 3 2 1 2					1		一
峯降峯谷	單跳	合四合工尺工尺上尺 5̣ 6̣ 5̣ 3̣ 2̣ 3̣ 2̣ 1̣ 2̣		2					二
	連跳	合四合凡工合工尺工 5̣ 6̣ 5̣ 4̣ 3̣ 5̣ 3̣ 2̣ 3̣	1						一

表五十六

字數 調名 音名		正工	六字	凡字	小工	尺字	上字	小計
峯峯降	六五六五六工 5 6 5 6 5 3				1			一
峯峯降峯峯降	六五六五六合四合四合工 5 6 5 6 5 5̣ 6̣ 5̣ 6̣ 5̣ 3̣				1			一

表五十七

字音（調名）（數名）		正工	六字	凡字	小工	尺字	上字	小計
峯谷	合5̣ 四6̣ 合5̣ 工,3̣ 合5̣	1						三
	工3 六5 工3 尺2 工3						1	
	六5 五6 六5 工3 六5					1		
峯頓	尺、2̣ 工,3̣ 尺2̣ 上,1̣ 工,3̣			1				一

(2)峯降：有單跳和連跳，都是小跳，僅連跳中有五度大跳一例。單跳見表五十二。連跳見表五十三。

降腔之後，可更接合升腔或峯腔：

A.峯降升：升腔之後，可更接合降腔或峯腔。跳進不論單跳或連跳，都是小跳；惟峯降升降單跳一例，是四度大跳，見表五十四。

B.峯降峯：其後更可接合降腔、或降升、或谷腔。不論單跳或連跳，都是小跳，見表五十四。

(3)峯峯：其後可接合降腔成峯峯降，或其後再重現一次，成峯峯降峯峯降。跳進有小跳和八度的大跳，見表五十六。

(4)峯谷：跳進都是連跳，都是小跳，見表五十七。

表五十八

音		字數＼調名／音名	正工	六字	凡字	小工	尺字	上字	小計
谷	單	四合四上 6 5 6 1		1		1	3		一三
		工尺工六 3 2 3 5			1		2		
		工尺工六五 3 2 3 5 6					1		
		四合四尺 6 5 6 2		2					
	跳	工尺工尺 3 2 3 2	2						
	連	上四上尺 1 6 1 2	1						六五
		合工合四 5 3 5 6	2	2	3	4	3	1	
		上四上尺 1 6 1 2	6	5	4	15	15		
升	跳	上四上尺工 1 6 1 2 3		1		2	1		
谷升降	單跳	工尺工六凡工 3 2 3 5 4 3				1	2		三

表五十九

音	數名	字調名 / 音數名	正工	六字	凡字	小工	尺字	上字	小計
谷	單	工尺工上一四 3 2 3 1 7̣ 6̣		2					六
		工尺工尺上四 3 2 3 2 1 6̣					1		
	跳	五六五工尺 6 5 6 3 2			3				
	連	六工六工尺上 5 3 5 3 2 1					2		五
		上四上四合工 1 6̣ 1 6̣ 5̣ 3̣		1					
		六工六工尺一 5 3 5 3 2 7̣					1		
降	跳	六工六尺上 5 3 5 2 1				1			
谷	連	六工六工尺上尺 5 3 5 3 2 1 2				1	4		七
降		上四上四合工合 1 6̣ 1 6̣ 5̣ 3̣ 5̣		1					
升	跳	上四上四合工合四 1 6̣ 1 6̣ 5̣ 3̣ 5̣ 6̣	1						

(5)峯頓：爲單小跳，見表五十七。

4.谷簇：前爲谷腔，後與升腔、或降腔、或谷腔接合。

(1)谷升：升腔之後，可更接合降腔。跳進有單跳與連跳，大部份是小跳，惟谷升單跳中有四度和七度的大跳。見表五十八。

(2)谷降：降腔之後，可更接合升腔。跳進有單跳與連跳，大部份是小跳，惟谷腔有四度的大跳。見表五十九。

(3)谷谷：其後更接合升腔，跳進爲四度和八度的大跳，見表六十。

5.倒簇：前爲倒腔，後與升腔、或降腔、或谷腔接合。

(1)倒升：前爲倒腔，後爲升腔，跳

表六十

音名＼字數＼調名		正工	六字	凡字	小工	尺字	上字	小計
四度	工尺工尺工五 3 2 3 2 3 6	1						一
八度	四合四合四五 6̣ 5̣ 6̣ 5̣ 6̣ 6		1					一

表六十一

音名＼字數＼字名	正工	六字	凡字	小工	尺字	上字	合計
四尺上四 6̣ 2 1 2				1			一

表六十二

字音名　數　調名		正工	六字	凡字	小工	尺字	上字	小計
小	工合凡工 3 5 4 3		2					一〇〇
	四上一四 6 1 7 6	3	8	6		2	1	
	一尺上一 7 2 1 7		2			3		
	上工尺上 1 3 2 1				1			
	工六凡工 3 5 4 3	1	4	4	2	9	1	
	六乙五乙 5 7 6 5					1		
	五仕乙五 6 1 7 6			2	15	13	3	
	乙伬仕乙 7 2 1 7			2	3	1	1	
	仕仜伬仕 1 3 2 1			1		5		
	工六凡工尺 3 5 4 3 2				1			
	五仕乙五六 6 1 7 6 5				1			
跳	上工尺上四合 1 3 2 1 6 5		2					
大	尺合凡工 2 5 4 3		1					四六
	合上一四 5 1 7 6					1		
	四尺上一 6 2 1 7	1						
	上凡工尺 1 4 3 2					1		

	尺六凡工 2 5 4 3		2			1	
	工五六凡 3 6 5 4				3		
	工四合凡工 3 6 5 4 3	1	1				
	四尺上一四 6 2 1 7 6				1	1	1
	工五六凡工 3 6 5 4 3		2	2	3	3	2
	五伬仩乙五 6 2 1 7 6				1	2	
	工四合凡工尺 3 6 5 4 3 2	1					
	工五六凡工尺 3 6 5 4 3 2				1		
	工五六凡工尺上 3 6 5 4 3 2 1				1		
	工四合工 3 6 5 3		1				
	一工尺一 7 3 2 7					1	
	工五六工 3 6 5 3		1		1	1	
	五伬仩五 6 2 1 6				1	1	
	工四合工尺 3 6 5 3 2	1					
	四尺上四合 6 2 1 6 5		2				
	一工尺一四 7 3 2 7 6					1	
跳	工五六工尺 3 6 5 3 2					1	1

表六十三

字音	調名／數名	正工	六字	凡字	小工	尺字	上字	小計
倒	合上四合 5 1 6 5	2	3		1	1		一八
	四尺一四 6 2 7 6				1	1		
	尺六工尺 2 5 3 2					2		
	合上四合工 5 1 6 5 3	2						
	六仩五六工 5 1 6 5 3				1			
	合上四合工尺 5 1 6 5 3 2	1						
	六仩五六凡工 5 1 6 5 4 3					1		
降	上六工尺 1 5 3 2				2			
倒	工五六凡工尺上尺 3 6 5 4 3 2 1 2				1			六
降	工五六工尺上尺 3 6 5 3 2 1 2	1				1		
	上六凡工尺上尺 1 5 4 3 2 1 2					1		
	上五六凡工尺上工 1 6 5 4 3 2 1 3					1		
升	尺六工尺一四合四 2 5 3 2 7 6 5 6					1		
倒降 降 升升	合上四合工合尺上尺工 5 1 6 5 3 5 2 1 2 3	1						一
倒 谷	上工尺上尺 1 3 2 1 2		1					一

表六十四

字 音 \ 調名 數名		正工	六字	凡字	小工	尺字	上字	小計
摺	一合四一 7̣ 5̣ 6̣ 7̣					1		六
	尺合四一 2̣ 5̣ 6̣ 7̣				1			
	工上尺工 3 1 2 3				2			
	工上尺工凡 3 1 2 3 4				1			
升	工上尺六凡工 3 1 2 5 4 3					1		
摺	上合四合 1 5̣ 6̣ 5̣				1	1		六
	六尺工尺上 5 2 3 2 1		1					
	上合四合工尺 1 5̣ 6̣ 5̣ 3̣ 2̣	1						
降	六尺工上一四 5 2 3 1 7̣ 6̣		2					

表六十五

字音＼數名＼調名		正工	六字	凡字	小工	尺字	上字	小計
豁	四上合四 6̣ 1 5̣ 6̣		4					一五
	一尺四一 7̣ 2 6̣ 7̣				2			
	工六尺工 3 5 2 3					2		
	六五工六 5 6 3 5			1				
	四上合四一 6̣ 1 5̣ 6̣ 7̣					1		
	上尺合四 1 2 5̣ 6̣		2					
	工六上尺 3 5 1 2				1			
	一尺合四一 7̣ 2 5̣ 6̣ 7̣					1		
升	五仩工六 6 1̇ 3 5						1	
豁	四上合四上一四 6̣ 1 5̣ 6̣ 1 7̣ 6̣		1					五
	四上合上四合 6̣ 1 5̣ 1 6̣ 5̣	1						
升	一尺合四上一 7̣ 2 5̣ 6̣ 1 7̣					1		
	工六上尺工尺 3 5 1 2 3 2					1		
降	工合上尺合凡工 3̣ 5̣ 1̣ 2̣ 5̣ 4̣ 3̣		1					
豁降 升升	上尺工四合凡工合 1 2 3̣ 6̣ 5̣ 4̣ 3̣ 5̣	1						一
豁 升 頓	工六尺工六尺工 3 5 2 3 5 2 3					1		一

表六十六

音名		字數＼調名	正工	六字	凡字	小工	尺字	上字	小計
豁	單	尺工上一四 2 3 1 7 6		1	1	1	8	1	二九
		上尺四合 1 2 6 5		2	3	2	1		
		凡六尺上 4 5 2 1			1		1		
		仩伬五六 1 2 6 5				1	2		
		六五工尺上 5 6 3 2 1				1	2		
	跳	上尺四合工 1 2 6 5 3	1						
	連	工合尺上 3 5 2 1		1	2		1		五一
		一尺四合 7 2 6 5	3	1	2		2		
		工六尺上 3 5 2 1				6	11	2	
		乙伬五六 7 2 6 5				5	3		
		四上合凡工 6 1 5 4 3		3					
		五仩六凡工 6 1 5 4 3				2			
		四上合凡工尺 6 1 5 4 3 2	1						
		工六上一四 3 5 1 7 6	1	2	1			1	
降	跳	乙伬六凡工 7 2 5 4 3					1		
豁	單	六五工尺上尺 5 6 3 2 1 2						1	三
降	跳	上尺合凡工合 1 2 5 4 3 5	2						
	連	四上合凡工合 6 1 5 4 3 5		1					二
升	跳	上工四合凡工合 1 3 6 5 4 3 5	1						
豁升 降谷	連 跳	上工四合凡工四合四 1 3 6 5 4 3 6 5 6	1						一

進爲四度大跳，見表六十一。

(2)倒降：前爲倒腔，後爲降腔，有單跳與連跳：

A.單跳：有小跳和四度的大跳，見表六十二。

B.連跳：有四度和五度的大跳，見表六十三。

降腔之後，可更接合升腔，或再接降升。跳進有單跳和連跳：單跳都用四度和五度的大跳；連跳則在四度、五度和六度的大跳之後，改用小跳，見表六十三。

(3)倒谷：前爲倒腔，後爲谷腔，跳進爲小跳，見表六十三。

6.擠簇：前爲擠腔，後與升腔或降腔接合。跳進爲單跳與連跳，有小跳和四度、五

字音 \ 數名 \ 調名		正工	六字	凡字	小工	尺字	上字	小計
豁峯	五 仩 六 五 六 6 $\dot{1}$ 5 6 5				1			一
豁峯降	工 六 尺 工 尺 上 3 5 2 3 2 1				2	1		三
豁	六 五 工 尺 工 5 6 3 2 3			1	5			二
	工 合 尺 上 尺 $\underset{\cdot}{3}$ $\underset{\cdot}{5}$ $\underset{\cdot}{2}$ $\underset{\cdot}{1}$ $\underset{\cdot}{2}$	1						
谷	工 六 尺 上 尺 3 5 2 1 2	1			2	1		
豁倒	一 尺 合 一 四 $\underset{\cdot}{7}$ 2 $\underset{\cdot}{5}$ $\underset{\cdot}{7}$ $\underset{\cdot}{6}$					1		一

表六十七

度的八跳，見表六十四。

頓簇：簇腔加頓，應歸頓腔，見本節十。

8. 豁簇：前爲豁腔，後與升腔、或降腔、或峯腔、或谷腔、或倒腔接合。

(1)豁升：升腔之後，可更接合降腔、或降升、或頓腔。跳進大都是連跳，惟豁升中上尺合四（1 2 5 6̣）爲單跳，用五度的大跳。連跳中，小跳和大跳都反向進行。大跳有四、五、六、七度，見表六十五。

(2)豁降：降腔之後，可更接合升腔或升谷。跳進有單跳和連跳，其中有小跳和大跳，大跳爲四度和五度，見表六十六。

(3)豁峯：峯腔之後，可更接合降腔。跳進都是連跳，用小跳和四度的大跳，二者都反向進行，見表六十七。

(4)豁谷：跳進有單跳和連跳，用小跳和四度的大跳．也都是彼此反向進行。見表六十七。

(5)豁倒：跳進爲連跳，用小跳和五度大跳彼此反向進行，見表六十七。

九、擻腔

擻腔用符號「⋰」來表示，這符號代表疊三音的第一音之後加進一個高一度的音，如上⋰，即代表上尺上上（1211）是。可以加擻的腔，在葉、王一部半的北曲譜中，有單、升、降、谷、疊、簇諸腔。

擻的本身，是由順級的升降和疊音構成，不可以有越級的跳進出現；但工字加擻的腔，習慣上作工六工工（3533），成爲越級。

㈠順級擻腔：見表六十八。

1.單擻：單腔加擻，如上⋰，上（1）爲單腔，加擻後，成上尺上上（1211）。

2.升擻：升腔加擻，如上⋰尺，上尺（12）爲升腔，加擻成上尺上上尺（12112）。

3.降擻：降腔加擻，如尺⋰上，尺上（21）爲降腔，加擻成尺工尺尺上（23221）。

4.谷擻：谷腔加擻，如五⋰六五，五六五（656）爲谷腔，加擻成五乙五五六五（676656）。

5.疊擻：疊腔加擻，如四·⋰合，四·合（6̣6̣5̣）爲疊降，加擻成四·一四四合（6̣6̣7̣6̣6̣5̣）。

表六十八

調名／數名／字音名		正工	六字	凡字	小工	尺字	上字	小計
單撇	四㇂ 6̣ 7̣ 6̣ 6̣		1					三
	上㇂ 1 2 1 1		1					
	乙㇂ 7 1̇ 7 7				1			
升撇	合㇂ 四 5̣ 6̣ 5̣ 5̣ 6̣	1						四
	上㇂ 尺 1 2 1 1 2						1	
	尺㇂ 工 2 3 2 2 3				1	1		
降撇	四㇂ 合 6̣ 7̣ 6̣ 6̣ 5̣		1					五
	尺㇂ 上 2 3 2 2 1	1						
	五㇂ 六 6 7 6 6 5				1			
	上一四㇂ 合 1 7̣ 6̣ 7̣ 6̣ 6̣ 5̣		1					
	上尺上一四㇂ 1 2 1 7̣ 6̣ 7̣ 6̣ 6̣		1					
谷撇	五㇂ 六五 6 7 6 6 5 6					1		一
疊撇	四·㇂ 合 6̣ 6̣ 7̣ 6̣ 6̣ 5̣		1					一
簇撇	四一四㇂ 合 6̣ 7̣ 6̣ 7̣ 6̣ 6̣ 5̣				1			三
	尺工尺㇂ 上 2 3 2 3 2 2 1	2						

表六十九

字數 音名 \ 調名		正工	六字	凡字	小工	尺字	上字	小計
升攛	工六乀 3 5 6 5 5				1			一
降攛	工乀 尺 3 5 3 3 2	1						一
疊攛	合・工合尺乀 上 5 5 3 5 2 3 2 2 1	1						一
簇攛	上一乀 四上 1 7 1 7 7 6 1	1						四
	上尺乀 上工尺上 1 2 3 2 2 1 3 2 1		1					
	尺乀 上尺工合 2 3 2 2 1 2 3 5	1						
	工六尺乀 上尺 3 5 2 3 2 2 1 2	1						

6.簇攛：簇腔加攛，如尺工尺乀上，尺工尺上（2321）爲峯簇的峯降，加攛成尺工尺工尺尺上（2323221）。

(二)越級攛腔：見表六十九。

1.升攛：跳進爲單跳，用小跳。

2.降攛：由於工字加攛，成爲工六工工尺，故歸越級。

3.疊攛：跳進爲連跳，用小跳和四度大跳，彼此反行。

4.簇攛：跳進有單跳和連跳，單跳用小跳和七度的大跳，連跳用小跳和四度的大跳，彼此反行。

十、頓腔

頓腔的「頓」，不像擻或豁那樣使用符號來表示，而是用實音，這實音便成爲頓腔的第二音，比第一音低一至數度；但第三音必須比第一音高，否則，便不一定是頓腔了。如上四尺（1 6̣ 2）的第二音「四」比第一音「上」低二度，第三音「尺」比第一音高一度，這便是頓腔，第二音「四」便是頓音。如果第三音比第一音低，像上四一（1 6̣ 7̣），便是摺腔，而非頓腔。頓腔是上聲的專用腔。

由於第二音比第一音低，第三音比第一音高，二、三音之間必定成爲跳進，所以頓腔都是越級的。

由於第三音必須高於第一音，所以可加頓音的腔便只有升腔、峯腔、倒腔、簇腔和豁腔，而簇腔第三音若低於第一音，仍然不可加頓。

㈠升頓：升腔加頓音，如尺工（2 3）加頓音，則爲尺上工（2 1 3），見表七十。

㈡峯頓：峯腔加頓音，如上尺上加頓音，則成上四尺上（1 6̣ 2 1），見表七十一。

㈢倒頓：倒腔加頓音，如一尺上加頓音，則成一四尺上（7̣ 6̣ 2 1），見表七十一。

表七十

字數 \ 調名 音名		正工	六字	凡字	小工	尺字	上字	小計
三	上一尺 172		1					六〇
	凡工合 435	1	3	1	1	1	1	
	合工四 536	1						
	合工上 531		1		1			
	合工尺 532	1						
	合凡四 546				2			
	一四上 761		1	2	4	2		
	一四尺 762				1			
	上四工 163					2		
	上四六 165				1	1		
	上一尺 172				1	4		
	尺上工 213				3	6	1	
	尺上六 215					1		
	工尺凡 324				1			

	工尺六 3 2 5				1			
	凡工六 4 3 5				4			
音	六凡五 5 4 6			1	7	1		
四	凡工合四 4 3 5 6	5		1	3			三三
	凡工四上 4 3 6 1				1			
	一四上尺 7 6 1 2		1	1	2	1		
	上一尺工 1 7 2 3					8		
	尺上工六 2 1 3 5				2	5		
音	凡工六五 4 3 5 6				1	2		
五	凡工合四上 4 3 5 6 1	1						三
音	一四上尺工 7 6 1 2 3				2			

表七十一

字音	數名 \ 調名	正工	六字	凡字	小工	尺字	上字	小計
峯頓	合工四合 5̣ 3̣ 6̣ 5̣		1					二
	上四尺上 1 6̣ 2 1		1					
倒頓	合工上一 5̣ 3̣ 1 7̣				1			二一
	一四尺上 7̣ 6̣ 2 1				3			
	上四工尺 1 6̣ 3 2	1			1	8		
	尺上六凡 2 1 5 4				1	1		
	工尺五六 3 2 6 5					2		
	六工乙五 5 3 7 6					1		
	五六伬仩 6 5 2̇ 1̇					1		
	仩五仜伬 1̇ 6 3̇ 2̇				1			
簇	合工上尺上 5̣ 3̣ 1 2 1	1			1			二三
	四合上一四 6̣ 5̣ 1 7̣ 6̣	1	1					
	上一尺工尺 1 7̣ 2 3 2				2			
	上一尺凡工 1 7̣ 2 4 3					1		

	工尺六凡工 3 2 5 4 3					6		
	凡工六工六 4 3 5 3 5					1		
	凡工六凡工六 4 3 5 4 3 5					2		
	凡工六五六工 4 3 5 6 5 3					1		
	六工五六工尺 5 3 6 5 3 2					1		
	六凡五仩乙五 5 4 6 1̇ 7 6				1			
	一四上尺上一四 7̣ 6̣ 1 2 1 7̣ 6̣		1					
	上一尺五六凡五 1 7̣ 2 6 5 4 6					1		
頓	凡工六五六凡工 4 3 5 6 5 4 3					2		
豁頓	凡工六工 4 3 5 3				1			

(四)簇頓：簇腔加頓音，如六五仕乙五加頓音，則成六凡五仕乙五（5 4 6 $\dot{1}$ 7 6），見表七十一。

(五)豁頓：豁腔加頓音，如凡六工加頓音，則成凡工六工（4 3 5 3），見表七十一。

由表七十及七十一，頓腔的跳進有單跳和連跳，用小跳和四至七度的大跳。

十一、豁腔

豁的符號是「ノ」，加於腔的首音的右下角，代表高於首音與次音的一個音，音時佔首音的四分之一。一個腔被加上豁的符號，便搖身一變而爲豁腔，便永遠屬於去聲的專用腔，任何腔都是如此。

如果不用豁的符號而用實音，外表上與簇腔無異，都歸入豁簇之中，惟一用實音作豁而又歸入豁腔的，只有「一尺四」（7·2 6·）一例。

豁腔之分順級與越級，是就未加豁號的腔來分的，一旦加上了豁號，便都成爲越級，只有單豁中有順級出現。

(一)順級：

1.單豁：單腔加豁，都是順級豁高一度；只有工字，因爲工凡（34）禁用，不得不豁高兩度，成爲工六（35）—三度的小跳。除此之外，如果後一字腔的首音高於前一字的單腔，而單腔的豁音必須高於後一字腔的首音，於是這單豁便無法作順級的上豁，勢必是越級的上跳—小跳或大跳，不過這情形少之又少。單豁見表七十二。

2.降豁：二至四音順級降腔加豁，成爲單小跳的越級豁腔。其中惟一尺四（7̣26̣）以實音代替豁號，無法併豁簇之中，其餘的都已歸併。又首音爲工（3）字的豁音，用六（5）不用凡，這樣順級降腔加豁之後，便和一尺四一樣，都成小跳後的四度反跳。降豁見表七十三。

3.峯豁：峯腔加豁。若峯腔爲上尺上（121），加豁成上尺上（1321），成爲單小跳的越級豁腔，而尺工尺（232）的第二音爲工，豁音便要用六，於是尺工尺（2532）便成爲四度大跳後及小跳的連跳豁腔。見表七十四（表中工的豁音都用六）。

4.谷豁：谷腔加豁，除首音爲工成爲小跳後四度反跳的連跳外，其餘都是單小跳，見表七十四。

5.疊豁：疊腔加豁，成單小跳的越級豁腔，見表七十四。

6.簇豁：簇腔加豁，有單小跳和小跳加四度反跳的連跳，見表七十四。

表七十二

字數名 調名 音名	正工	六字	凡字	小工	尺字	上字	合計
尺 2̣ 3̣	1	1					二五二
工 3̣ 5̣		1					
合 5̣ 6̣					1		
四 6̣ 7̣	9	20	8	8	9		
一 7 1		1			5		
上 1 2		7			3		
尺 2 3	6	10	3	6	6		
工 3 5	3	8	3	28	21		
六 5 6	2	3	1	2	7		
五 6 7	1	1	2	24	27	2	
乙 7 1̇					1		
仩 1̇ 2̇				3	1		
伬 2̇ 3̇					6	1	

表七十三

調名／字數／音名	正工	六字	凡字	小工	尺字	上字	合計
尺 上 2̣ 3̣ 1̣	1						二三六
工 尺 3̣ 5̣ 2̣	4						
四 合 6̣ 7̣ 5̣	1	20	5	6	13	1	
一 四 7̣ 1 6		1	1	1	6		
尺 上 2 3 1	6	7		10	8		
工 尺 3 5 2	7	4	4	6	7	1	
五 六 6 7 5	2	7	5	22	26		
工 尺上 3̣ 5̣ 2̣ 1̣		1					
合 凡工 5̣ 6̣ 4̣ 3̣					1		
一 四合 7̣ 1 6̣ 5̣			1	2	1		
上 一四 1 2 7̣ 6̣		4	1	3	4		
工 尺上 3 5 2 1		2		2	4		
五 六凡 6 7 5 4				1			
四 合凡工 6̣ 7̣ 5̣ 4̣ 3̣		1	1		2		
尺 上一四 2 3 1 7̣ 6̣			1	1	6		
五 六凡工 6 7 5 4 3				5	3	1	
一尺四 7̣ 2 6̣			2	1	3		

7.撒豁：撒腔加豁，有單小跳和小跳加四度反跳的連跳，見表七十四。

(二)越級：

1.升豁：表面上是升腔加豁號，實際上是倒腔，有四度的單大跳，見表七十五。

2.降豁：有單跳和連跳：單跳都是四度的大跳；連跳有反向的大跳和小跳，但也有同向的兩個小跳，不過都屬同一和絃，僅工尺一（3 5 2 7̣）不是，如果把豁音改為凡（4），仍屬同一和絃。見表七十五。

3.峯豁：有四度大跳和小跳，見表七十五。

4.谷豁：五度後反向四度的連跳，見表七十五。

5.倒豁：五度的單大跳，見表七十五。

6.摺豁：有單跳和連跳，有小跳和四、五、六度的大跳，見表七十六。

7.疊豁：有單跳和連跳，用小跳和四、五度的大跳，見表七十六。

8.頓豁：連跳，都是小跳，見表七十六。

9.簇豁：單跳有四、五、六度的大跳；連跳有小跳和三、五、七度的大跳，同向跳進凡二，其一屬同一和絃，另一非是，其餘的都彼此反向進行。見表七十七。

附　譜例

表七十四

字音	數名＼調名	正工	六字	凡字	小工	尺字	上字	小計
峯豁	尺　工尺 2 5 3 2				1			一
谷豁	工　尺工 3 5 2 3	1						一四二
	四　合四 6 7 5 6	10	9	2	7	11		
	尺　上尺 2 3 1 2	9	10	3	15	10		
	工　尺工 3 5 2 3		3	2	12	22		
	五　六五 6 7 5 6				8	8		
疊豁	六　凡・・工 5 6 4 4 4 3				1			一
簇豁	四　合四一 6 7 5 6 7				1	1		八
	尺　上尺工 2 3 1 2 3				1	1		
	尺　工尺上 2 5 3 2 1					1		
	五　六五六 6 7 5 6 5				1			
	工　尺工尺上 3 5 2 3 2 1				1			
	五　六五六凡 6 7 5 6 5 4				1			
擻豁	工　尺、 3 5 2 3 2 2 2		1					三
	五　六、 6 7 5 6 5 5 5				1			
	工　尺、　上 3 5 2 3 2 2 2 1					1		

表七十五

音名	數字	正工	六字	凡字	小工	尺字	上字	小計
升豁	工 六 3 6 5				1	1		二
降豁	凡 尺 4 5 2			1				一九
	上 四 1 2 6				1	1		
	五 工 6 7 3					1		
	合 工尺 5 6 3 2	1						
	上 四合 1 2 6 5				1			
	尺 上四 2 3 1 6					2		
	工 尺一 3 5 2 7					1		
	六 工尺 5 6 3 2					1		
	五 六工 6 7 5 3		2		4	1		
	伬 仩五 2 3 1 6				1			
	六 工尺上 5 6 3 2 1					1		
峯豁	五 仩五 6 2 1 6					1		一
谷豁	尺 四尺 2 3 6 2			1		1		二
倒豁	工 五六 3 7 6 5						1	一

表七十六

字音名 ＼ 數 ＼ 調名		正工	六字	凡字	小工	尺字	上字	小計
摺	一 合四 7 1 5 6					2		二三
	工 上尺 3 5 1 2	3						
	四 工合 6 7 3 5	1						
	上 合四 1 2 5 6	4		1		1		
	工 上尺 3 5 1 2		1		3	4		
	五 工六 6 7 3 5						1	
	伬 五乙 2 3 6 7				1			
豁	尺 合四 2 3 5 6					1		
疊	四 合上四合工・尺 6 7 5 1 6 5 3 3 2	1						六
	上 四上四合工合・上一四 1 2 6 1 6 5 3 5 5 1 7 6	1						
	工 ・六工六 3 5 3 5 3 5				1			
	五 六五仩・乙五 6 7 5 6 1̇ 1̇ 7 6				1			
	上 合・凡工合 1 2 5 5 4 3 5	1						
豁	合 上四・・合 5 2 1 6 6 6 5	1						
頓豁	尺 上工 2 3 1 3					1		一

表七十七

字調名 / 數 / 音名		正工	六字	凡字	小工	尺字	上字	小計
單	一、合四一 7 1 5 6 7					1		一六
	合 上一四 5 2 1 7 6	2						
	尺 合四一 2 3 5 6 7					1		
	四 合四上 6 7 5 6 1					2		
	四 合凡工合 6 7 5 4 3 5		1					
	上 一四上 1 2 7 6 1					1		
	五 六凡工六 6 7 5 4 3 5					1	1	
	四 合四尺 6 7 5 6 2		1					
	四 合四六 6 7 5 6 5		1					
	四 合四尺工五 6 7 5 6 2 3 6		1					
	六 五六工 5 7 6 5 3				1			
	工 合工尺上尺 3 6 5 3 2 1 2	1						
跳	工 四合工尺上尺 3 7 6 5 3 2 1 2	1						

連	五 六工尺工 6 7 5 3 2 3				1			二四
	工 尺四尺 3 5 2 6 2				1			
	五 六凡工六工 7 6 5 4 3 5 3					1		
	工 尺工尺 3 5 2 3 2	1						
	四 合上一四 6 7 5 1 7 6	1		1		1		
	工 尺工六 3 5 2 3 5		1		1	1		
	工 尺工尺上四 3 5 2 3 2 1 6					1		
	工 上尺工 3 5 1 2 3		1					
	工 上尺上 3 5 1 2 3					4		
	尺 上尺工 2 3 1 2 3	1						
	四 工合四 6 7 3 5 6				1			
	上 工上四合工四 1 2 3 1 6 5 3 6	1						
跳	工 尺六凡工 3 5 2 5 4 3					5		

譜例一

紅梨記
醉皂
紅綉鞋

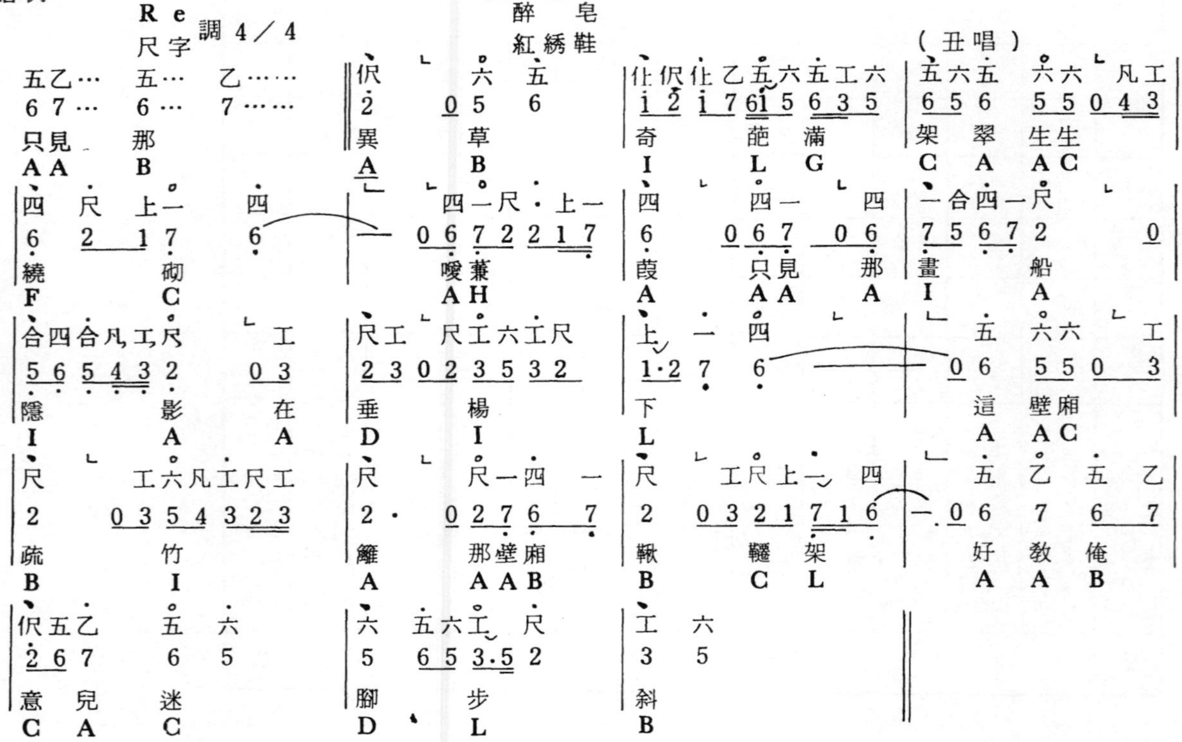

Re 調 4／4
尺字

（丑唱）

五乙… 五… 乙……
6 7… 6… 7……
只見 那
A A B

仩 六 五
2 0 5 6
異 草
A B

仩仩仩 乙五六五工六
1 2 1 7 61 5 6 3 5
奇 葩 滿
I L G

五六五 六六 凡工
6 5 6 5 5 0 4 3
架 翠 生生
C A A C

四 尺 上一 四
6 2 1 7 6
繞 砌
F C

四一尺・上一
— 0 6 7 2 2 1 7
嗳 蒹
A H

四 四一 四
6 0 6 7 0 6
葭 只見 那
A A A A

一合四一尺
7 5 6 7 2 0
畫 船
I A

合四合凡工尺 工
5 6 5 4 3 2 0 3
隱 影 在
I A A

尺工 尺工六工尺
2 3 0 2 3 5 3 2
垂 楊
D I

上 一 四
1·2 7 6
下
L

五 六六 工
— 0 6 5 5 0 3
這 壁廂
A A C

尺 工六凡工尺工
2 0 3 5 4 3 2 3
疏 竹
B I

尺 尺一四 一
2・ 0 2 7 6 7
籬 那壁廂
A A A B

尺 工尺上一 四
2 0 3 2 1 7 1 6
鞦 韆 架
B C L

五 乙 五 乙
—.0 6 7 6 7
好 教 俺
A A B

伬五乙 五 六
2 6 7 6 5
意 兒 迷
C A C

六 五六工 尺
5 6 5 3·5 2
腳 步
D L

工 六
3 5
斜
B

譜例一內，缺谷腔、擻腔和頓腔，在譜例二中補足。諸腔取英文字母為代號，標列如下

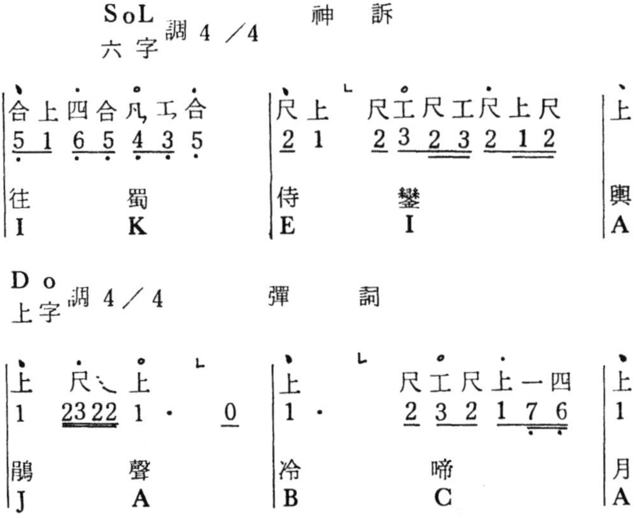

A單腔　B升腔　C降腔　D峯腔　E谷腔　F倒腔　G摺腔　H疊腔　I簇腔　J擻腔　K頓腔　L豁腔

譜例二　　長生殿

SoL
六字調 4／4　　神訴

合上四合凡工合	尺上　尺工尺工尺上尺	上
5 1 6 5 4 3 5	2 1　2 3 2 3 2 1 2	
往　蜀	侍　鑾	輿
I　K	E　I	A

Do
上字調 4／4　　彈詞

上　尺　上	上　尺工尺上一四	上
1　2322 1 ·　0	1 ·　2 3 2 1 7 6	1
鵑　聲	冷　啼	月
J　A	B　C	A

叁、結　論

本節列表七十有四，「忒以的嘮叨了！」這倒好有一比，好比那老太婆念佛，嘴裡念一聲阿彌陀，手裡過一顆菩提子，如是漸次、漸次……「若十若二十若百若千乃至百千萬」，這是多麼煩人的事！然而欲滅煩惱之煩，却非從這煩人之煩做起不可。表，菩提子也，沒有這些菩提子，則無以滅煩惱而成功德，諸君鑒諸！

第二節　腔的構成

既云「構成」，便少不了「因素」。構成崑腔腔的因素，有音調、音域、乙凡字的選用、系列音的安排。至於板眼，固然是構成實板曲的因素，但散板曲中，僅有用作斷句的截板而已；王季烈螾廬曲談中還說板眼與字的四聲陰陽有關；所以另置於第四節中論列。

壹、音調

崑腔的音調有二：一爲五音調，用於南曲；一爲七音調，用於北曲。

崑腔以南曲爲主，是五音調的天下，乙凡字被斬盡殺絕。沒有一（7̣）到上（1）和工（3）到凡（4）的小二度，却用四（6̣）到上（1）和工（3）到六（5）的增二度，這在七音調中，應該是小三度。

五音調不用乙凡字，從四到上和從工到六，只能視爲順級進行，音程也視爲二度。七音調既用乙凡字，從四到上和從工到六便是道道地地的越級進行，音程自然是三度。

南曲既習於四上和工六的增二度，便嚴重地影響了北曲的小二度，但只影響上升的，而不影響下降的，從表七十八的總百分率（註）中，可以看出：上升的「一上」，百分率僅〇．三九，不及「四上」百分率的十分之一，「工凡」更是泥牛入海，踪影難尋，而「工六」的百分率却有八．二八，「工凡」完全被「工六」所代替；下降的便不同了，「上一」反比「上四」的百分率高出許多，「凡工」和「六工」的百分率十分接近。一般都說：崑腔的北曲，乃南曲的北曲；從表七十八看來，雖不全然如此，至少，五音調覇佔了七音調的半壁江

表七十八

百分率＼腔名 音名		升	降	峯	谷	倒	摺	疊	簇	擻	頓	豁	總分百率
上	一上 7̣ 1	0·39			2·01			0·81	1·11	8·33		2·98	0·39
	四上 6̣ 1	7·62		7·87	0·89	5·16		8·89	23·2	4·17	10·2	0·54	4·28
	工凡 3 4												
升	工六 3 5	19·2		13·5	7·37	54·8	5·05	9·58	23·1	16·6	29·6	24·1	8·28
下	上一 1 7̣		16·9		2·01	7·53		13·3	18·9	12·5	16·7	1·08	6·09
	上四 1 6̣		5·30	7·87	0·89			11·9	17·8		13·9	1·08	3·59
	凡工 4 3		3·34			0·39		9·35	17·2		24·1	3·39	3·12
降	六工 5 3		4·39	13·5	7·37			6·58	16·8	4·17	8·70	0·95	3·24

山，應無疑義。

然而，谷腔、擻腔和豁腔「一上」的百分率高於「四上」，這是因為擻腔必是順級上升一度，豁腔除工（3）字以六（5）作豁外，其餘的音都是順級上升成豁的，於是越級的「四上」便無從作威作福了；至於谷腔的「一上」，是第二、三兩音，受了首二音「上一」的提拔，方居高位。

註

表七十八中的百分率，取自表五至表七十七。

貳、音域

清陳澧聲律通考：

「今人唱曲子，最高者工字調之高工字，最低者工字調之低工字，其高下相去十五字。」

所謂「高下相去十五字」，便是音域。

音發自樂器，也出自肉喉。在科學發達的二十世紀，任何音質的樂器都可以製造，無所謂音域不音域。可惜在上帝造人的時代，科學還不怎麼的，以致造出來的肉喉，沒有發出任何音質的能耐，必須接受音域的限制。音域之外的音，不是太高，便是太低；太高的，肉喉揭不起，掙得臉紅頸子粗，還是揭不起；太低的，肉喉咽不出，再怎麼低聲下氣，依然咽不出：揭不起固等於咽不出。

崑腔的音域，陳澧說是小工調的工（3̣）到仜（3̇），恰好兩個八度音；實際上，不止此也。統觀表四至七十七，其中最高的是伬（5̇），最低的是四（6̤），然笛色各有高低，上字調的伬，並不同於小工調的伬，如果依表三去折算為小工調，則：

㈠高於小工調仜（3̇）字：

1.伬（5̇）字：

(1)小工調三，比仜字高出二度。

(2)尺字調二，相當於小工調伵（4̇）字，比仜字高出一度。

2.仜字：凡字調一，相當於小工調伵字，比仜字高出一度。

3.百分率：一八一八八比六，百分之〇・〇三三。

㈡低於小工調工（3̣）字：

1.尺（2̣）字：小工調一，又上字調凡（4̣）字一，尺字調工（3̣）字四十六，凡字調上（1̇）字十，六字調一（7̇）字六，正工調四（6̇）字二十二，均相當於小工調尺字，都比工字低一度，合計八十六。

2.上（1̇）字：小工調一，又上字調工（3̇）字二，尺字調尺（2̇）字五，凡字調一（7̇）字一，六字調四（6̇）字四，均相當於小工調上字，都比工字低二度，合計十三。

3.一（7̇）字：尺字調上（1̇）字一，凡字調四（6̇）字一，均相當於小工調一字，都比工字低三度，合計二。

4.百分率：一八一八八比一〇一，百分之〇．五五。

崑腔的音域，應自小工調的一（7̇）至𠆩（5̇），高下相去二十字；不過，高於仜字和低於工字的，百分率都很低，離百分之一都還有一大節。陳澧想必也主張服從多數，所以只說自小工調的工至仜，「高下相去十五字」。

以上是就各調折算為小工調後的音域而言。若將各調分開：則音域最廣的，是凡字調、小工調和尺字調，高下相去十九字；其次是正工調和六字調，相去十七字；最狹的是上字調，恰好相去十五字。見表七十九。

如果把百分率不到一的各音略而不計，則正工調和六字調的音域，是從上（1̇）至五（6），高下相去十三字；其餘四調，從工（3̇）至伬（2̇），高下相去十四字。

表七十九

百分率 / 調名 / 音名	正工	六字	凡字	小工	尺字	上字
亻六 5̇				0·06	0·03	
亻凡 4̇						
仜 3̇			0·07	0·31	0·41	0·70
伬 2̇			1·00	3·37	2·52	4·97
仩 i̇	0·11	0·38	3·10			
乙 7	0·16	0·34				
五 6	1·97	3·51				
合 5̣						4·29
凡 4̣						0·70
工 3̣			4·62	1·14	1·06	1·14
尺 2̣			0·70	0·04	0·95	
上 1̣	7·28	1·26	0·70	0·02	0·31	
一 7̣	0·99	0·21	0·07			
四 6̤	0·99	0·14	0·07			

總之，調門高的，不宜用太高的音；調門低的，不宜用太低的音。

照說：上字調是北曲中最低的調門，儘可用高一點的音，但最高的只到仜（$\dot{3}$）字，相當於小工調的仩（$\dot{1}$）字，而且只有彈詞折七轉中「乍行字」的「乍」字配仜，百分率極低，別處再找不到仜字，要有，也都是豁上去的仜字，占時極暫，可以不計。若此，則上字調最高的音是伬（$\dot{2}$）字，相當於小工調的乙（7）字。低調門反而不用高音工尺，又何以故？

北曲中用上字調的，在葉、王一部乍的宮譜中，只有一折訪普，一折刀會，還有彈詞折的七轉至尾。據王譜：訪普用尺或上字調，一般都用尺字調而不用上字調，因爲主唱的脚色是生，調門自可稍高。彈詞七轉以下，王譜用上字調，葉譜用尺字調，由老生主唱。崑劇的老生，限於戴白髯口的眞老，那些黑鬍子的假老不算，嗓門之大，僅次於淨，但究竟是生，工尺稍高無妨，所以有極少數的仜字出現。刀會用上字調，紅淨主唱。崑劇脚色的嗓門，數紅淨最大，大嗓門就怕高音，所以刀會折用最低的調門——上字調，而且最高音也只到伬（$\dot{2}$）。訓子一折，也是紅淨的戲，却用高調門的六字調，那是受了宮調的限制，不得不如此，因而旁配的工尺，大部分是末尾帶鉤的低八度音，如果譯成簡譜，便儘是些下面打點兒的；而且其中最高音只至六（5），偶爾也有豁至五（6）字，但可不計。六字調的六字和上字調的尺字，都相當於小工調的乙（7）字。可見紅淨唱腔，不宜用高音；上字調宜配大嗓門，自然也不宜用高音。

叁、乙凡字的選用

乙凡字可以置放於腔的任何音位—腔首、腔末或腔中。先撇開前字和後字的關聯，僅就腔的本身而言，與腔首音關聯的是它的下方音；與腔末音關聯的是它的上方音；腔中音則與上方音，下方音都有關聯。所謂關聯，不外同音、上行、上跳、下行、下跳等五種方式，其中跳進，包含了小跳和大跳。若以乙凡字爲本音，上方音便以這五種方式進入本音；本音也以這五種方式出發而至下方音。

這是就複腔而言；至於單腔本身，既無從進入，也無從出發，更沒有腔首、腔中、腔末之分。所以表八十至八十三，都將單腔剔除。

單腔乙凡字的選用，乙字多而凡字少，乙字占單腔百分之二·一八，凡字則僅〇·六五，相差三倍有餘。

㈠腔首音—由腔首音乙凡字出發而至下方音：則同音爲一·（7̣7̣）和凡·（44）；

表八十

百分率 音名 \ 腔名		升	降	峯	谷	倒	摺	疊	簇	擻	頓	豁	總分百率
一	一・ 7 7 同音							2・08					0・09
	一上 7 1 上行	0・39						0・23	0・49	4・17		3・11	0・26
	一尺 7 2 上跳	1・40		5・62		3・57		1・50	3・05				0・72
	一四 7 6 下行				2・23			0・80	1・16		10・2		1・17
	一合 7 5 下跳		4・65				3・30		0・06				0・03
凡	凡・ 4 4 同音		0・03					0・69					0・03
	凡六 4 5 上行	1・10		1・12					0・61			0・14	0・26
	凡五 4 6 上跳	0・19				0・39			0・06				0・04
	凡工 4 3 下行		1・79					0・58	0・83		14・8		0・55
	凡尺 4 2 下跳		0・34				2・02						0・08

上行爲一上（7·1̇）和凡六（4 5）；上跳爲一尺（7·2̇）和凡五（4 6），或高於尺和五的大跳；下行爲一四（7·6̣）和凡工（4 3）；下跳爲一合（7·5̣）和凡尺（4 2），或低於合和尺的大跳。

爲了書寫方便，表八十至八十三中的上跳和下跳，百分率都包含大小跳在內。

從表八十中，可以看出：

1.腔首乙凡字的選用，乙字多而凡字少，它們的總百分率，乙字爲二·二七，凡字爲〇·九六，相差兩倍有餘。

2.腔首乙字上升出發，多用小三度或四度以上的上跳，少用小二度的上行，上跳的總百分率幾三倍於上行。但擻腔和豁腔却用上行，不用上跳，這是因爲這二腔自乙字出發的，只能順級上行。無法越級上跳。

3.腔首乙字下降出發，多用大二度的下行，少用大三度或四度以上的下跳，下行的總百分率，三十九倍於下跳。

4.腔首凡字上升出發，多用大二度的上行，少用大三度或四度以上的上跳，上行的總百分率，爲上跳的六倍半。

5.腔首凡字下降出發，多用小二度的下行，少用小三度或四度以上的下跳，下行的總百分率，幾七倍於下跳。

6.腔首乙凡字同音出發，限於疊腔。

7.乙字下降出發和凡字上升出發，都是多用大二度，少用跳進；凡字下降出發，多用小二度，少用跳進；惟有乙字上升出發，多用小三度，少用小二度，純四度用得更少，僅占百分之〇·〇一七。

(二)腔末音—上方音進入腔末音乙凡字：同音進入為一·（7̣7̣）和凡·（44）；上行進入為四一（6̣7̣）和工凡（34）；上跳進入為合一（5̣7̣）和尺凡（24），或低於合和尺的大跳；下行進入為上一（17̣）和六凡（54）；下跳進入為尺一（27̣）和五凡（64），或高於尺和五的大跳。

從表八十一中可以看出：

1.腔末乙凡字的總百分率，相差無幾，乙字為四·四九，凡字為四·三三，略低於乙字。

2.上方音以上升進入腔末乙字，多用大二度的上行，少用上跳，上行的總百分率，十八倍半於上跳。

3.下方音以下降進入腔末乙字，多用小二度的下行，少用下跳，下行的總百分率為下

表八十一

百分率 腔名 / 音名		升	降	峯	谷	倒	摺	疊	簇	擻	頓	豁	總分百率
一	同音 一・ 7 7							0・70		4・17			0・04
	上行 四一 6 7	2・63			2・23		17・2	0・46	0・39			6・43	1・29
	上跳 合一 5 7	0・19							0・33				0・07
	下行 上一 1 7		12・9			7・53		0・23	2・44		0・92		2・95
	下跳 尺一 2 7		0・14	5・62				0・46	0・28			0・14	0・14
凡	同音 凡・ 4 4							0・35					0・02
	上行 工凡 3 4												
	上跳 尺凡 2 4	0・52							0・17				0・10
	下行 六凡 5 4		11・8	1・12		58・7		8・66	6・82		0・92	0・27	4・21
	下跳 五凡 6 4												

跳的二十一倍。

4.上方音以上升進入腔末凡字，只用小三度或四度以上的大跳，不用小二度的上行。

5.上方音以下降進入腔末凡字，只用大二度的下行，不用下跳。

6.上方音以同音進入腔末乙凡字，限於叠腔；擻腔中雖有以同音進入腔末乙凡字，但總百分率總共〇・〇〇六，何況擻腔只比叠腔多一個高出一度的音而已。

7.上方音以上升進入腔末乙字和以下降進入腔末凡字，都是多用大二度，少用或不用跳進；以下降進入腔末乙字，多用小二度，少用下跳；惟有以上升進入腔末凡字，根本不用小二度，只用上跳。

㈢腔中音：

1.乙字：見表八十二。

(1)上方音進入乙字，與腔末乙字同。

(2)乙字出發至下方音，與腔首乙字同。

(3)同音限於叠腔；擻腔中雖曾一見，總百分率亦僅〇・〇〇二。

2.凡字：見表八十三。

(1)上方音進入凡字，與腔末凡字同。

表八十二

音名 \ 百分率 \ 腔名		升	降	峯	谷	倒搯	疊	簇	擻	頓	豁	總分百率
同音	一・・ 777 同音						1·73					0·08
	一・上 771 上行						0·12					0·01
	一・尺 772 上跳						0·35					0·02
	一・四 776 下行						1·92					0·09
	一・合 775 下跳											
上行	四一・ 677 同音						0·23					0·01
	四一上 671 上行											
	四一尺 672 上跳	0·03									0·14	0·01
	四一四 676 下行			8·43								0·08
	四一合 675 下跳										27·5	1·12
上跳	合一・ 577 同音											
	合一上 571 上行											
	合一尺 572 上跳											
	合一四 576 下行							0·11		0·92		0·02
	合一合 575 下跳											

下行	上一・ 1 7 7 同音							0·23		4·17			0·02
	上一上 1 7 1 上行				1·12			0·46	0·66	4·17			0·12
	上一尺 1 7 2 上跳								0·45		14·8		0·13
	上一四 1 7 6 下行		7·13					1·09	15·5	16·6		2·03	3.54
	上一合 1 7 5 下跳												
下跳	尺一・ 2 7 7 同音							0·46					0·02
	尺一上 2 7 1 上行												
	尺一尺 2 7 2 上跳							0·46					0·02
	尺一四 2 7 6 下行		0·46					0·81	1·44			1·76	0·34
	尺一合 2 7 5 下跳								0·06				0·01

表八十三

音名 \ 百分率 \ 腔名		升	降	峯	谷	倒	摺	疊	簇	擻	頓	豁	總分百率
同音	凡・・ 444 同音							0·80				0·14	0·04
	凡・六 445 上行							0·46					0·02
	凡・五 446 上跳												
	凡・工 443 下行							0·23					0·01
	凡・尺 442 下跳							0·23					0·01
上跳	尺凡・ 244 同音												
	尺凡六 245 上行	0·03											0·01
	尺凡五 246 上跳												
	尺凡工 243 下行					0·39			0·06				0·01
	尺凡尺 242 下跳								0·11				0·01
下行	六凡・ 544 同音							1·05					0·05
	六凡六 545 上行				6·25			2·31	0·66				0·33
	六凡五 546 上跳							0·46	0·06		8·33		0·06
	六凡工 543 下行		7·73					8·66	16·9		2·78	3·11	3·73
	六凡尺 542 下跳							0·23	0·11				0·02
下跳	五凡工 643 下行								0·06			0·14	0·01

(2)凡字出發至下方音，與腔首凡字同。

(3)同音限於疊腔；豁腔中雖曾一見，總百分率亦僅○．○○四，何況豁腔中的同音，原由疊腔加豁而來，本來就是疊腔。

(四)不論乙字或凡字，不論腔首、腔末或腔中，不論進入或出發，不論上升或下降，都是多用順級進行，少用越級躍進。惟有乙字以上升出發，則多用越級，少用順級；而上升進入凡字的，甚至只用越級，不用順級。王季烈螾廬曲談卷三說：

「北曲之乙凡兩腔，用之最宜小心，偶有不慎，易成拗腔，不特歌之堅澀，尤使聽者不快於耳，製譜時務宜避之。」

乙凡字固宜愼用，尤其凡字，更要小心使用。

肆、系列音的安排

所謂系列音，是指由合到凡七個音。它們用高八度或低八度音，只是這七個音的同音，並沒有使這七個音變成八個或更多。北曲的系列音只有這七個，也就是北曲所用的音階。南曲不用乙凡，所以它的系列音便只有五個音。

腔的首音，只要有七個音中的一個，照說便可依樣葫蘆，排出七個同型的腔；事實上，很少能把腔的首音排出一系列來，因爲有些是習慣或規律所不許。腔的末音，也是如此。至於腔中，當然不會把這七個音像排陣那樣死板板地排在一起，它們的連續，不外順級進行和越級進行。既然有級，單腔便沒有資格參與其間了。

㈠順級進行：

1順級升腔：參看前節及表五。

⑴二音：

A.首音一系列中缺工（3）字，末音自然缺凡（4）字了。崑腔中，工凡（34）永不錄用，不但升腔中沒有它，便找遍諸腔，也很難找到它的影子。當然，工凡是小二度，是不協和音程；但是，一上（7̣1）也是小二度，也是不協和音程，雖然比值很低，僅占二音順級升腔百分之〇·六七，總不至找不到影子。這是崑腔中非常特殊之處，所有的工凡，都被工六（35）所代替。

B.二音順級升腔中，除一上（7̣1）爲小二度外，其餘的都是大二度，所以首音中不缺凡字，而且百分率爲一·八三，三倍於一上。

C.末音缺凡，凡前爲工，禁用工凡。末音爲一的比值爲三·五六，因爲四一（6̣

7̣）爲大二度，可用。

(2)三音：表五所列三音順級升腔，自首音至末音，音程爲三度。

A.只用大三度，不用小三度，所以首音缺四（6̣）、一（7̣）、尺（2）和工（3），由這四音作爲首音的三音順級升腔，都是小三度。

B.末音缺凡（4），因爲凡前爲工（3），那是小三度的三音順級升腔。

(3)總之，順級升腔大忌小二度，不論二音或三音，都是如此；惟一上（7̣1）偶有出現。

2.順級降腔：

(1)二音：參看表九。

A.首末音都七音俱全。

B.乙凡字的比值很高，首音爲乙凡字的，占二音順級降腔百分之八．四四；末音爲乙凡字的，占百分之三三．五。

(2)三音：參看表十。

A.首末音也七音俱全。

B.乙凡字的比值也相當高，首音爲乙凡字的，占三音順級降腔百分之四．五八；

末音爲乙凡字的，占百分之一四．六。

(3)四音：參看表十一。

A.首音缺工（3）字：首音若爲工，末音便爲一—工尺上一（3 2 1 7̣）。二音、三音的順級降腔，首末音都不避乙凡字，四音順級降腔的末音，似乎也沒有避免一（7̣）字的必要；但工尺上一的前三音是工尺上，這是極爲順口的常用腔，後面加上個一字，反顯別扭，所以首音獨缺工字。

B.若首音爲一，末音應該避免用凡，偏生四音順級降腔中有一四合凡（7̣ 6̣ 5̣ 4̣），此爲僅見，出現於葉譜追信折挂玉鈎末句「挂印登壇」的「印」字，王譜知其不合，改用上尺。這在西樂，稱爲「三全音」，也避免使用。另彈詞折五轉「嗚泉花底流溪澗」句的「泉」字，王譜配簇腔乙五六五六凡（7 6 5 6 5 4），這也是首末音乙凡互見，葉譜作仩．．五六五六凡（1̇ 1̇ 1̇ 6 5 6 5 4），應從。

(4)五音：參看表十一。

A.首音缺四（6̣）、上（1）和凡（4）：

(A)若首音爲四，則末音爲尺—四合凡工尺（6 5 4̣ 3̣ 2̣），這原無不合，散板曲也有時出現，而實板曲的四音順級降腔中已大量使用四合凡工，連續五音級降，似乎嫌多了些，能不用，便不用。

(B)若首音爲上，則末音爲凡，—上一四合凡，（1 $\underset{\cdot}{7}$ $\underset{\cdot}{6}$ $\underset{\cdot}{5}$ $\underset{\cdot}{4}$），這也一樣，可由上一四合代替，何況末音爲凡，能免則免。

(C)若首音爲凡，則末音爲一——凡工尺上一（4 3 2 1 $\underset{\cdot}{7}$），這也應該避免，降腔中絕對找不出半個來。

B.工尺上一四（3 2 1 $\underset{\cdot}{7}$ $\underset{\cdot}{6}$）一枝獨秀，占五音順級降腔百分之七八·九，其餘的皆不足道。因爲四音不能用工尺上一，這加一個四（$\underset{\cdot}{6}$）字的五音之設，只不過補四音之不足而已。

(5)六音：僅在葉譜追信折得勝令「綸竿」的「綸」字上曇花一現，連降六音，令人有失足墮崖之感，王譜改用六凡工六尺上（5 4 3 5 2 1），應從。

(6)總之，順級降腔：

A.是複腔中頻見使用的腔，占複腔百分之二九·八。

B.二音和三音的系列音齊全不缺，音的聯綴，非常自由；四音以上，始有首末音不能同時出現一和凡的限制。

C.乙凡字的比値之高，爲他腔所不及。

D.音數越多，用得越少。二音用得最多，占順級降腔百分之七七．二；三音便少了許多，占百分之一九．六；四音更少，僅占百分之二．四六；五音占百分之〇．六三，六音占百分之〇．〇三，極少見用。

3.順級峯腔：參看表十五。

(1)首音缺一字和工字：若首音爲一，則爲一上一（7̣ 1 7̣）；爲工，則爲工凡工（3 4 3）：包含了小二度的一上和工凡，工凡根本禁用，連一上也被害得出不了頭。

(2)峯腔的首末音相同，首音缺一，末音自然也缺一，但凡字還用，而爲數極少，只有兩個，占順級峯腔百分之一．五三。

4.順級谷腔：參看表十六。

(1)首音缺凡，因爲有禁用的小二度工凡在內。

(2)首音有一，但比値僅二．五五。

(3)一上並不禁用，但少用，所以上一上的比値僅占谷腔的百分之二．二九。

5.順級疊腔：疊腔以疊音爲主，疊音之前，可以有上方音；疊音之後，可以有下方音。由表八十四，可以看出上方音進入疊音，和由疊音出發而至下方音的一些情形：

(1)不論由上方音進入疊音，或由疊音出發至下方音，只要是下行，系列音便齊整無

表八十四

進行＼百分率＼疊音			合	四	一	上	尺	工	凡
進入	上行			1·27	0·36		1·81	3·28	
	下行		1·27	0·54	0·36	0·36	9·98	1·45	0·54
出發	上行	升	3·08		0·18	1·45	0·95		0·36
		峯	0·54	0·91					
		簇	11·9	0·18		1·81			0·36
	下行	降	3.27	8·71	1·63	6·71	5·81	13·2	0·36
		谷	2·18	2·54	0·36	0·18	9·44	3·63	
		簇	0·74	0·54	0·18		0·54	1·81	

表八十五

列系音	合	四	一	上	尺	工	凡
升　簇	0·18		0·88	4·39			0·53
峯　簇	28·6	1·93	0·70	8·08	12·1		0·88
降　簇	5·27	0·70	0·88	2·46	1·93	23·0	1·05
谷　簇	0·88	1·93			2·63	0·88	

缺，可以自由聯綴成腔。

(2)上方音上行進入疊音，系列音缺合（5̣）、上（1）和凡（4），因為其中有小二度的一上（7̣ 1）和工凡（3 4）；至於凡合（4 5̣），乃是大二度，本可使用，但疊腔中，習慣於合・凡（5̣ 5̣ 4̣），便不肯顛而倒之的用凡合・（4̣ 5̣ 5̣）。

(3)由疊音出發上行而至下方音，系列音缺四（6̣）和工（3）。工・凡（3 3 4）自然不能用；四・一（6̣ 6̣ 7̣）也不習慣，除非一（7̣）的下方再綴他音，但這必須反行，否則，又會出現一上（7̣ 1），非所喜也。

(4)疊音之前，可以無上方音；疊音之後，可以無下方音。

(5)上方音可以上行或下行進入疊音。

(6)疊音上行出發，可接合升腔、峯腔或簇腔；下行出發，可接合降腔、谷腔或簇腔。

(7)總之，疊腔也忌工凡；至於一上，當慎用之，最好不用。

6.順級簇腔：首音的齊缺，見表八十五。

(1)升簇：首至三音為順級升腔。照說，首音的齊缺，升簇應與三音順級升腔同，但升簇多用了個一（7̣）字——一上尺上（7̣ 1 2 1），其所以首音用一，是因為一上不像工凡，在二音升腔中仍有出現。

(2)峯簇：首至三音爲順級峯腔，首音也比順級峯腔多個一（7̇）字—一上一四合（7̇ 1 7̇ 6 5），其原因同升簇。

(3)降簇：首音齊整無缺。

(4)谷簇：首音比順級谷腔少用了一（7̇）和上（1），這是因爲在越級谷簇裡有了好替身。

7.順級擻腔：參看前節及表六十八。

(1)首音缺工（3）和凡（4）。首音爲工的擻腔，應歸越級。

(2)乙凡字用得極少：首末音都不用凡字；乙字雖用，首音僅一見，末音也僅一見。

8.單豁：參看前節及表七十二。

(1)系列音缺工（3）和凡（4）。工字加豁，要豁到六（5），應視爲越級，凡字也豁到六，所以乾脆不用凡字。

(2)乙字的比值爲三·〇七。

(二)越級進行：

1.越級升腔：參看前節。

(1)二音：

A.小跳：參看表六。

(A)系列音齊整無缺，首末音均然。

(B)工六（35）占小跳百分之六五，所以順級升腔中的工凡（34）被擠到西方極樂世界去了。

(C)乙凡字的比值，乙字爲四．九，凡字爲二．五。

B.大跳：參看表七。

(A)四度：首音缺乙凡字。

a.首音爲一，則爲一工（7̣3），西樂中也不用，據該丘斯的曲調作法，說是錯誤的大跳，不用爲是。

b.首音爲凡，則爲凡乙（47），這不但西樂認爲是錯誤的大跳，更稱之爲「音樂的魔鬼」；崑腔也絕對避免首末音一．凡互見：當然棄而不用。

(B)五度：五度是上六（15）的天下，占百分之七七．一；合尺（5̣2）則爲數僅一；其他如四工（6̣3）、一凡（7̣4）、尺五（26）、工乙（37）和凡仩（4i），都未見使用。因爲：四工是錯誤的大跳；一凡，像四度的凡一，都是「音樂的魔鬼」，更是崑腔敬而遠之的首末音；工乙和四度的一工，也是崑腔的鬼神；尺五和凡仩，都被四度的尺六（2 5̣）和六仩（5̣ i̇）所代替，尤其六仩，從屬音上跳進入主音，西樂中也常用，而尺五更在崑腔的禁用之列。

(C)七度：該丘斯曲調作法，以爲七度都是錯誤的大跳。七度不論大小，都是不協和音程，所以崑腔也極少使用，僅占二音越級升腔百分之〇．二九，還要靠板眼的幫忙，這是後話。

C.總之，小跳的首音齊整無缺，大跳便要避免一和工或一和凡的跳進。

(2)三音：單跳的前或後接合二音順級升腔，便成三音越級升腔。表八所列：三度的合四上（5̣ 6̣ 1）、尺工六（2 3 5）、六五仩（5 6 i̇）、五乙伬（6 7̣ 2）、四度的上尺六（1 2 5），七度的合四六（5̣ 6̣ 5），都是順級在單跳之前；其餘的都是順級在單跳之後，且作同向進行，就三音越級升腔的本身而言，不論小跳或大跳，都無違規之處。

A.小跳：

(A)首音缺上（1）和凡（4）：

a.若首音爲上—上尺凡（1 2 4），則末音爲凡。升腔末音不喜凡字，百分率僅〇．五二。

b.若首音爲凡，則末音爲乙，更應避免。

(B)首音爲一的比值爲五·七一，這很特殊。首音爲一，末音則爲工，但這不是從一跳到工，而是從一跳到尺，沒有構成錯誤的大跳，所以可用。

B.大跳：極少用，四度的爲數僅二，六度和七度，爲數各一。

(3)四音：也由順級升腔和越級升腔接合而成。順級升腔可二音或三音；越級升腔可單跳或連跳。單跳都用小跳，置於三音順級升腔之前或後，也可置於兩個二音順級升腔之間。連跳可小跳接小跳，或小跳接大跳。參看表八。

A:單跳：首音缺一、工和凡。若首音爲一，末音必爲凡，應該避免；若首音爲工，末音必爲乙，不討人歡喜；若首音爲凡，腔內必有乙字，乙凡字同在一腔，極少見，百分率僅〇·一三而已。

B.連跳：都作同向跳進，表八中的合四上工（5·6·$\dot{1}$ 3）和合四上六（5·6·$\dot{1}$ 5），無不如此，這也許是同一和絃而又跳入靜音之故。

(4)總之：

A.極力避免首末音乙凡互見。

B.小跳用得多，占越級升腔百分之八二·六，可見大跳用得少。

C.連跳用得少，僅占越級升腔百分之〇・二五；可見單跳用得極多。

2.越級降腔：參看前節。

(1)二音：參看表十二。

A.小跳：

(A)首音缺四、一和工，因爲四凡（6̣4̣）、一合（7̣5̣）和工上（3 1）都是大三度；這裡被小三度霸佔了。

(B)與二音順級降腔相較，乙凡字的比值大跌：二音順級降腔爲四一・八，而二音越級降腔僅四・三五。

B.大跳：

(A)四度：首音缺一和工，一凡（7̣4̣）和工一（3 7̣），都在被棄之列。而首音爲四的四工（6̣3̣）和首音爲尺的尺四（2 6̣），却被錄用：四工爲數僅一；尺四則占四度的百分之五三・一，不止錄用，而且重用。二音越級升腔亦然，四尺（6̣2）占四度的百分之二八・七。該丘斯的曲調作法中，把這些都列入錯誤的大跳；而崑腔之於尺四和四尺，端的十分寵愛。

(B)七度：爲數僅一，不足道也。

(2)三音：由二音順級降腔與二音越級降腔接合而成：若越級降腔爲小跳，則順級在前在後的次序不拘；若爲大跳，都是越級在前，順級在後。參看表十三。

A.小跳：

(A)表十三所列的小跳，全是小三度，這和二音越級降腔一樣，都不用大三度。

(B)首音缺一和凡：

a.若首音爲一，則爲一四凡（7̣6̣4̣）或一合凡（7̣5̣4̣），首末音乙凡字互見，且四凡和一合又都是大三度，當然不用。

b.若首音爲凡，則爲凡工上（431）或凡尺上（421）：工上爲大三度，不用；而凡尺爲小三度，應可用，習慣上都把末音上（1）子移作後字首音，前字僅凡尺而止，凡尺上被拆開使用了。

c.末音不用凡，只用一，但爲數僅二，極少用。

B.大跳：只有四度，首音缺一、上、工和凡：若首音爲一，則一凡工（7̣4̣3̣）內有一凡—音樂的魔鬼；若首音爲上，則上合凡（15̣4̣）的末音爲凡，越級降腔的末音不用凡字；若首音爲工，則工一四（37̣6̣）內的工一大跳，應避免；若首音爲凡，則凡上一（417̣）的首末音一凡互見，亦應避免。

(3)四音：其接合與四音越級升腔同，惟彼升此降而已。參看表十四。

A.單跳：首音缺上和凡：首音爲上（1），末音必爲凡（4.），爲越級降腔所不取；首音爲凡（4），末音必爲一（7.），更應避免。

B.一腔中跳進兩次的，表列僅上四合工（1 6. 5. 3.），用順級降腔連接了兩個小三度。既是兩個小跳，中間又有了順級進行，所以後面那個小跳的方向，便可不受必須反跳的限制了。單跳的首音缺上字，這上四合工正好補空缺。

(4)五音：比值僅越級降腔的〇．六。連跳與四音同，只末尾加個尺字罷了。參看表十四。

(5)總之，越級降腔：

A.小跳用小三度，不用大三度。

B.絕對避免乙凡字互見於首末音或大跳。

C.大跳儘量避免一和工的互見。

D.一腔中避免一和凡同時出現。

E.末音不用凡字。

F.三音以上的越級降腔，小跳或大跳之後，若再作順級進行，都是同向，單就降腔的本身而言，於中於西，均無不合。

3. 越級峯腔：參看前節及表十五。

(1)只用小跳，不用大跳。

(2)越級峯腔的上半，是二音越級升腔；下半，是二音越級降腔。越級升腔之於大小三度，兼收並蓄，毫無挑剔；而越級降腔却把大三度看作眼中釘，一概拔除。若依越級峯腔的上半，首音可以一系列無缺；若依下半，大三度便不可用，所以末音缺合，上和凡，一合（7̣5̣）、工上（31）和五凡（64）都是大三度。可是，末音又缺尺，凡尺（42）是小三度，本不該缺，無奈崑腔最不喜愛凡字，而順級峯腔中又有了十分順口的尺工尺（232），尺凡尺（242）便逃不了被貶入冷宮的命運。不止此也，以合、上和凡爲首末音的越級峯腔，也被順級的合四合（5̣6̣5̣）、上尺上（121）和六五六（565）擠上九霄中。若是把順級和越級放在一起，峯腔的首末音，應是齊整的一列系。

(3)越級峯腔的首末音雖缺凡字，但乙字的比值特高，竟達二〇·八。

4. 越級谷腔：參看前節及表十六。

(1)小跳：首音只用合和上，而合工合（5̣3̣5̣）和高八度的六工六（535）却占百分之八九・二；其餘的，不是大三度，便和乙凡字有關，所以都不用。

(2)大跳：只有四度的跳進，首音只用上和尺，而尺四尺（2 6 2）却占百分之八九・五；其餘的，不是犯崑腔之忌—工一（3 7̣）和一凡（7̣ 4̣），便是習慣上所鮮見的大跳—合尺（5̣ 2̣）、四工（6̣ 3̣）和凡上（4 1），故均不用。

(3)總之，越級谷腔的小跳，是六工六（5 3 5）的天下；大跳，是尺四尺（2 6 2）的天下。

5.倒腔：倒腔不可能有順級，參看前節及表十七。

(1)小跳：前字若配以小跳倒腔，後字腔的首音，必與小跳倒腔的首音相同。像前字配合一四（5̣ 7̣ 6̣），後字腔的首音必爲合。若此，小跳倒腔的首音，當一系列齊整無缺，偏生缺了個合字。小跳倒腔是工六凡（3 5 4）的天下，占百分之七四・二，其次爲上工尺（1 3 2），占百分之一二・九；他如凡四合（4̣ 6̣ 5̣），僅見於葉譜訓子折，尺凡上（2 4 3），僅見於葉譜覓魂折，王譜都改用簇腔，首音爲凡爲尺的小跳倒腔，處於用與不用的邊緣：所以，合一四卽使可用，也無非是一瞥驚鴻而已。

(2)大跳：

A.只用四度的上跳。

B.首音缺一、凡和上：一（7̣）的四度上跳爲工（3），凡（4）的四度上跳爲乙（7），都應避免；首音若用上，則上凡工（1 4 3）決不及上工尺（1 3 2）爲順口，故亦不用。

(3)首音乙凡字的比值頗低，一字爲三·五七，凡字爲〇·四。末音乙凡字的比值却高，尤其凡字，高達五八·七，一字爲七·五四。

6.揩腔：也不可能有順級，參看前節及表十八。

(1)小跳：只用大三度，所以首音僅一和工。首音爲四的四凡合（6̣4̣5̣）中，四凡雖爲大三度，而末音爲合，似不相宜。凡後若爲工，成三音越級降腔，卽西樂所謂四度解決於第三度，便可用了。但揩腔末音必高於第二音，凡後必爲合，故四凡合便被摒棄不用。

(2)大跳：

A.四度：首音缺一和工，這犯了一凡（7̣4̣）和工一（3 7̣）之忌，決不可用。

B.五度：首音只用合（5̣）與尺（2），餘皆不用。蓋首音若爲一，次音必爲工；首音爲工，末音必爲一；首音爲凡，次音必爲一：自當不用。若首音爲上，則作上凡合（1 4̣5̣），這和小跳的四凡合（6̣4̣5̣）同樣不宜。若首音爲四，則作四尺工

（6̣2̣3̣）；崑腔中，尺四（2 6̣）和四尺（6̣2）用得很多，而四尺（6̣2̣）和尺四（2̣6̣）却被禁絕，故四尺工亦必不用。王季烈螾廬曲談說：「尺與五，尤不能相連，故曲譜中絕不見之。」（按尺與五，即尺與四的高八度。）

C.八度：八度跳進，極其少用，摺腔僅一（簇腔僅二），百分率爲〇．〇一七而已。

7.越級疊腔：參看前節及表二十八至三十七。

⑴首末音一系列齊整無缺。

⑵乙凡字的比值：

A.乙字：首音爲六．九八；末音爲三．八一。

B.凡字：首音爲一．五九；末音爲二．二二。

⑶單跳：見表八十六。

A.單跳可置於疊音之前，也可置於疊音之後。

B.單跳有小跳和四度、五度的大跳，其中以小跳的百分率爲最高，五度大跳爲最低。

C.系列音：

表八十六

跳進 \ 百分率 \ 系列音			合	四	一	上	尺	工	凡	小計
疊音前	三度	上跳		16·1	2·99	0·75		15·4		35·2
		下跳	6·74			5·61	0·37		0·37	13·1
	四度	上跳	0·37	0·75	0·37		1·49	1·87		4·85
		下跳								
	五度	上跳				0·75				0·75
疊音後	三度	上跳		4·49	1·12	0·75		10·5	0·75	17·6
		下跳	8·61			22·8	3·37	1·87	1·12	37·8
	四度	上跳	0.37	1·49		0·37	1·49	3·37		7·09
		下跳		0·37		0·37	0·37			1·11

(A)小跳：齊整無缺。

(B)大跳：缺乙凡字。

表八十六中，四度上跳的首音用一（7̣）字的，僅見於長生殿覓魂折的天下樂，以一工·尺（7̣ 3 3 2）配「不」字，葉、王二譜均然；照說，這應該避免，好在爲數僅一，視爲首音短缺一（7̣）字，亦無不可。

D.一個腔中，單跳可有二次以上。疊腔也是如此，大部分是以疊音或疊音再加順級的腔把單跳和單跳連接起來，而有百分之一三．五沒有使用疊音，僅用順級的腔去連接，疊音却放在順級的腔之後，如合上四合工（5·1 6·5·3·）和四上四合工（6·1 6·5·3·），它們開頭便是互爲反向的連跳，然後以二音順級降腔「四合」來連接兩個同向的小跳「上四」和「合工」，這上四合工，正是四音越級降腔，移來此間，自無不可。

(4)連跳：疊腔中的連跳所用的腔，見表八十七。

A.連跳均彼此反行。

B.或小跳、或大跳，或在前、或在後，都極自由。

C.疊腔中的連跳，不外取自越級峯腔、越級谷腔、倒腔、越級簇腔、頓腔和豁腔

表八十七

連	跳	百分率
峯腔	一尺一 7̣ 2 7̣	70·8
	工六工 3 5 3	
	五仜五 6 1̇ 6	
谷腔	上四上 1 6̣ 1	4·17
	尺一尺 2 7̣ 2	
倒腔	合上四 5̣ 1 6̣	6·25
簇腔	六工六工 5 3 5 3	6·25
	合工合尺 5̣ 3̣ 5̣ 2̣	
頓腔	上四尺 1 6̣ 2	2·08
豁腔	工六尺 3 5 2	10·4
	凡五工 4 6 3	
	乙伬五 7 2 6	

。越級升腔和越級降腔都是同向跳進，不予取用；揹腔大部分是單跳，故亦不用。

D.連跳可多至三次。

8.越級簇腔：參看前節及表四十三至六十七。

(1)首末音一系列齊整無缺。

(2)乙凡字的比值：

A.乙字：首音爲五．八三；末音爲二．六七。

B.凡字：首音爲一．〇五；末音爲〇．八九。

(3)單跳：見表八十八。

A.可置放於腔中任何位置。

B.有小跳和大跳，大跳可由四度至八度，惟下跳缺六度。其中以小跳的百分比爲最高，八度的大跳最低。

C.系列音：

(A)小跳：上跳齊整無缺；下跳缺四（6·）字—四凡（6·4·）爲越級降腔所不用。

(B)大跳：

小

表八十八

百分率 列系音 跳進			合	四	一	上	尺	工	凡	小計
小跳	三度	上跳	0·49	14·8	1·38	0·97	0·57	15·2	0·08	33·5
		下跳	9·07		0·08	5·91	0·97	1·29	0·08	12·4
大跳	四度	上跳	0·89	2·51	0·32	0·08	0·89	3·40		8·09
		下跳	0·24	1·05		0·24	0·97			2·50
	五度	上跳	0·08			0·08	0·08			0·24
		下跳					0·40			0·40
	六度	上跳				0·08		0·16		0·24
		下跳								
	七度	上跳		0·97				0·16		1·13
		下跳				0·08				0·08
	八度	上跳		0·08						0·08
		下跳	0·08							0·08

表八十九

腔＼音	合	四	一	上	尺	工	凡	百分率
升腔	合上工 5 1 3		一尺五 7 2 6					0·38
降腔					尺一合 2 7 5			0·19
峯腔		四上四 6 1 6	一尺一 7 2 7	上六上 1 5 1	尺凡尺 2 4 2	工合工 3 5 3	凡五凡 4 6 4	59·8
		五仩五 6 1 6	乙伬乙 7 2 7			工六工 3 5 3		
						仜六仜 3 5 3		
谷腔	合工合 5 3 5			上四上 1 6 1	尺一尺 2 7 2			14·5
	六工六 5 3 5							
倒腔	合上四 5 1 6	四尺一 6 2 7		上六工 1 5 3	尺合工 2 5 3			3·75
	六仩五 5 1 6	四六工 6 5 3			尺六工 2 5 3			
搯腔		五工六 6 3 5		上工合 1 3 5	尺工四 2 3 6			0·56
簇腔	六工六工 5 3 5 3	四上合上四 6 1 5 1 6	一尺合一 7 2 5 7	上四上四 1 6 1 6		工六工六 3 5 3 5		3·57
	合工合尺 5 3 5 2	五仩工六 6 1 3 5				工六仩五 3 5 1 6		
	合上工上 5 1 3 1							
頓腔	合工上 5 3 1	五凡乙 6 4 7						0·38
豁腔		四上合 6 1 5	一尺四 7 2 6	上工四 1 3 6		工合尺 3 5 5	凡五工 4 6 3	17·3
		五仩六 6 1 5	乙伬五 7 2 6			工六尺 3 5 2		
			一尺合 7 2 5			工合上 3 5 1		
			乙伬六 7 2 5			工六上 3 5 1		

表九十

跳進＼百分率＼音系列			合	四	一	上	尺	工	凡	小計
小跳	三度	上跳		8·33	13·9	9·26		23·1	8·33	62·9
		下跳	0·92							0·92
大跳	四度	上跳		2·78			1·85	0·92		5·55
	五度	上跳	0·92			1·85	1·85			4·62
	六度	上跳						1·85		1·85

a. 四度至八度，都缺凡（4）字。

b. 四度上跳的一工（7·3），簇腔中出現四次，除俠試折油葫蘆的「婚」字王譜配降簇可以不計外，尚餘三字，占越級簇腔百分之〇·二五。這一工的跳進，應該避免。

c. 王季烈螾廬曲談謂尺（2）與五（6）絕不能相連，而王譜花婆折哪吒令以上尺四合工（1·2·6·5·3·）的簇腔配「女」字，其中尺四即尺五的低八度，不宜甚也；而且這五音的簇腔僅一拍，亦不甚宜。葉譜作上尺合工，去掉一個「四」字，既可避免尺四相連，又令每音平均，都爲四分之一拍，宜從。

D. 一個字腔中，單跳在兩次以上，跳與跳之間的連接，都使用順級的腔。簇腔中，大部份用順級降腔，占百分之八六・二；其餘的爲順級升腔和順級峯腔，但用得不多；順級簇腔僅一見而已。

(4)連跳：簇腔中用作連跳的腔，見表八十九。

A.絕大多數彼此反行，惟升腔與降腔作同向跳進：升腔的合上工（5̣ 1 3）係跳入靜音；又一尺五（7̣ 2 6）及降腔的尺一合（2 7̣ 5̣）都屬同一和紘；這在西樂，也允許作同向的跳進。

B.或小跳、或大跳、或在前、或在後，都極自由。

C.複腔除疊、擻二腔外，餘皆被簇腔的連跳所取用。

D.連跳可多至四次。

9.擻腔：都是小跳，用得很少，見表六十九。

10.頓腔：參看前節及表七十、七十一。

(1)首末音：一系列齊整無缺。

(2)乙凡字的比值：

A.首音：乙字的比值爲一〇・二；凡字爲二三。二。

B.末音：乙凡字均爲〇・九二。

(3)單跳：見表九十。

A.絕大部分把單跳放在第二、第三兩音上。

B.絕大部分爲上跳。頓腔的第二音爲頓音，第三音必定上跳，下跳毫無用武之地。

C.有小跳和大跳，大跳由四度至六度。百分比以小跳的上跳爲最高，小跳的下跳爲最低—爲數僅一。

D.系列音：或用或缺，其所以缺，大部分是因爲跳入乙凡之故。不僅頓腔如此，他腔莫不如此。

E.頓腔中，納兩個單跳於一腔的，爲數僅四，其一以順級升腔連接；其餘的都用順級降腔連接。

(4)連跳：用作頓腔連跳的腔，見表九十一。

A.大跳和小跳的在前在後，可任意安排。

B.用作連跳的腔，除本腔外，更有升腔，頓腔的連跳都彼此反行；升腔却同向跳進，但都爲同一和絃，惟工四上（3·6·1̇）不合，見於葉譜撇子折石榴花「金釵兩股」的「股」字，作凡工四上（4·3·6·1̇），王譜改爲合凡工上（5·4·3·1̇），僅就跳

百分率	連跳	
30·3	升腔	工3̣ 四6̣ 上1
		一7̣ 尺2 凡4
		上1 工3 六5
		凡4 五6 仕1̇
69·7	頓腔	合5̣ 工3̣ 四6̣
		六5 工3 五6
		六5 工3 乙7
		合5̣ 工3̣ 上1
		上1 四6̣ 尺2
		上1 四6̣ 工3
		仕1̇ 五6 仜3̇
		上1 四6̣ 六5

表九十一

進而言，應以王譜的單跳爲是。

11.豁腔：

(1)單腔加豁：單豁都應順級進行，惟有工（3）字，豁成小跳，占單豁百分之二五·四。

(2)複腔加豁：不論順級複腔或越級複腔，加豁後都成越級。參看前節及表七十三至七十七。

A.首末音：一系列齊整無缺。

表九十二

音系列／百分率／跳進			合	四	一	上	尺	工	凡	小計
小跳	三度	上跳		0·82				1·65		2·47
		下跳	0·82	0·41	39·6	3·50	2·68	18·5		65·5
大跳	四度	上跳	0·21	0·62				0·82		1·65
		下跳	0·21	0·21		0·62	2·27			3·31
	五度	上跳	0·62							0·62
		下跳			0·21		1·44	0·21		1·86
	六度	上跳						0·21		0·21
		下跳						0·21		0·21
	七度	上跳		0·21						0·21

B.乙凡字的比值：

(A)乙字：首音的比值爲四·五四；末音爲一·二四。

(B)凡字：首音僅○·二一；末音○·四一。

C.單跳：見表九十二。

(A)絕大部分把單跳放在豁音—第二音—和第三音上，而且絕大部分是下跳；若是上跳必由首音和豁音構成，僅占百分之一·八六。

(B)有小跳和大跳，大跳可由四度至七度。百分比以小跳的下跳爲最高，大跳的六度和七度爲最低。

(C)系列音獨缺凡字，因爲工（3）字的豁音用六（5），不用凡（4）。

(D)跳與跳之間的連接，多用順級的升、降二腔；簇腔和疊腔均僅一見。

D.連跳：豁腔中用作連跳的腔，見表九十三。

(A)小跳和大跳的或前或後，可任意。

(B)被取用爲連跳的複腔，都彼此反向進行，只有被用作連跳的降腔和簇腔的工六尺四尺（3526̣2）非是。降腔作爲同向連跳的，都屬同一和絃，惟六尺一（527̣）非是。

王譜覓魂折油葫蘆「西下」的「下」字配工尺一，若不加豁，工尺一（327̣）僅就跳進而言，只是小跳，一經加豁，便成工六尺一（3527̣），這六尺一是大跳後又有同向的小跳，未免不妥；葉譜作六工六工尺一（535327̣），連跳都相互反行，最後的尺一成爲單跳，便無不妥了。又王譜借扇折滾繡球「二十四氣風」的「氣」字配工尺四尺，不加豁，尺四尺（26̣2），彼此反行，加了豁，便成工六尺四尺（3526̣2），中間的六尺四是同向的連跳，葉譜作五工六（635），彼此反行，卽使加豁成爲五仩工六（61̇35），還是彼此反行，應從。五（

表九十三

腔＼音	合	四	一	上	尺	工	百分率
降腔	六尺一 5 2 7		乙六工 7 5 3			工上四 3 1 6	8·39
						仜仩五 3 1 6	
峯腔						工六工 3 5 3	0·69
谷腔	合工,合 5 3 5					工上工 3 1 3	1·39
倒腔					尺六工 2 5 3	工上四 3 1 6	2·10
摺腔						工四尺 3 6 2	1·39
簇腔		四上工合 6 1 3 5	一合上四 7 5 1 6	上合工上四 1 5 3 2 6	尺四上四 2 6 1 6	工六尺六 3 5 2 5	9·09
		五仩工六 6 1 3 5				工六尺四尺 3 5 2 6 2	
						工六工六工六 3 5 3 5 3 5	
頓腔	合工四 5 3 6		一合上 7 5 1				2·79
豁腔						工合尺 3 5 2	74·8
						工六尺 3 5 2	
						工合上 3 5 1	
						工六上 3 5 1	

6）字的豁音本是乙（7）字，爲了避免乙工（73）相連，才豁到仩（i）字上去。

伍、結論

爲了字音的四聲陰陽，才把腔分成許多種；其實腔的本身，只不過音的連續反復而已。

音的連續反復，大多自由，小部分却有所限制：

㈠音域：在小工調工（3̣）至仜（3̇）之間。

㈡乙凡（74）字的進行。

1.從乙凡字出發下降進行的，多用順級，少用越級。

2.從凡（4）字出發上升進行的，也都用順級。少用越級。

3.從工字上升進入凡字的工凡（34），禁用。

4.從四字上升進入一字的四一（6̣7̣），很少用，大多用越級的四上（6̣1）。

5.從一字出發而順級上升的一上（7̣1），多用於擻腔和豁腔。

㈢谷腔和擻腔的首音，不用凡（4）字。

㈣順級升腔、越級降腔、越級峯腔、谷腔、搯腔和擻腔的末音，不用凡（4）字。
㈤二音順級升腔用大二度，極少用小二度。
㈥三音順級升腔只用大三度，不用小三度。
㈦越級降腔的小跳，只用小三度，不用大三度。
㈧搯腔的小跳，只用大三度，不用小三度。
㈨越級峯腔，只用小跳，不用大跳。
㈩頓腔的跳進，多在第二、第三兩音之間，且多為上跳。
⑪豁腔的跳進，與頓腔相同，但都為下跳。
⑫四（6̣）和尺（2）二音，只能用於四度的大跳，如四尺（6̣2）和尺四（26̣），五度的尺五（26）和五尺（62），則禁用。
⑬一（7̣）和凡（4）的五度大跳，應避免；首末音若為一凡或凡一，也都應避免。
⑭一（7̣）和工（3）的四度大跳，不論何處，一例避免使用。
⑮小跳用得多，大跳用得少，音程越大，用得越少。
⑯單跳用得多，連跳用得少。
⑰連跳都彼此反行，但同一和絃例外。

(八)疊音可單獨使用，也可或前或後的連接他腔，但禁止工凡（34）相接。

(九)連跳的中間加以疊音，則可不受彼此反行的限制。

第三節　腔與四聲陰陽

世界各種文字字音，與音樂發生關聯的，只是聲和韻，出聲和收韻一拼湊，便唱出字音來也；中國字音，除了聲和韻之外，還多了一樣「字調」，這是獨家的老招牌，誰也搬它不走，砸它不碎。

所謂「字調」，即四聲陰陽，表現字音的高低揚抑，這高低揚抑又恰是音樂最重要的因素，所以，要把中國字歌詞被之管絃，曲與詞的高低揚抑，非得好好的配合不可。

元周德清中原音韻自序：

「平而仄，仄而平，上、去而去、上，去、上而上、去者，諺云『鈕折嗓子』是也。」

明王驥德方諸館曲律論平仄：

「曲有宜於平者，而平有陰、陽；有宜於仄者，而仄有上、去、入：乖其法，則曰『

拗嗓』。」

如果音樂的曲調和歌詞的字調不相配合，則此高彼低，彼揚此抑，不但「拗煞天下人嗓子」，於聲樂作曲的藝術而言，却也二「難」幷，雙不美矣。

曲調與字調的配合，只是相對的「高低」關係，並非絕對的要平聲配多高的工尺，上聲配多低的工尺。那一聲配那些工尺，初無一定，儘可自由；不過，四聲各有其音域的廣狹不同，廣的可狹，而狹的却不可廣。四聲音域，見表九十四（註）。

表內所列，音域最狹的陽上聲，僅自小工調的尺（$\underset{\cdot}{2}$）至伬（$\dot{2}$），高下相去十五字，也就是西樂所說的兩個八度。

註　表九十四的數字，自表四至表七十七內抽出；百分率是把陰平等六聲分別計算。

壹、陰陽

任訥作詞十法疏證：

「明王驥德曲律及范善溱中州全韻內，除用周氏平分陰陽外，去、入亦皆分陰陽；至

表九十四

音＼聲	陰平	陽平	陰上	陽上	陰去	陽去
伬 5	0·13					0·09
仉 4	0·06	0·06				
仜 3	0·51	0·45	0·25		0·39	0·82
伬 2	5·03	5·49	1·60	1·30	5·50	5·20
仩 1	20·9	14·6	5·90	5·20	21·2	19·8
乙 7	20·7	23·6	13·9	8·60	19·8	18·6
五 6	44·3	43·2	29·8	31·7	35·3	36·6
凡 4	6·06	9·20	33·5	38·6	12·5	15·2
工 3	1·65	2·36	7·90	11·1	3·20	2·11
尺 2	0·57	0·83	5·69	3·43	1·70	1·38
上 1	0·06	0·13	1·11		0·39	0·19
一 7		0·06	0·25			

清周昂重訂中州全韻，沈乘麐編韻學驪珠，則上聲亦分陰陽：於是平、上、去、入四聲，倍而為八聲矣。」

聲分陰陽，自元而明而清，自平而去、入而上，這便是四聲演為八聲的簡歷。

中國疆域廣濶，山川隔越，方音繁蕪，四聲無準，陰陽相混。

一般說來：吳越之音，陰陽最為分明，陰自陰、陽自陰，毫釐不爽；江西南昌一帶，便有點陽盛陰衰之象，「南昌」二字，一陽一陰，而南昌人讀「昌」字，當然比「南」字要「陰」了些，比國語的陰平，却「陽」了不少，如果單讀一個「昌」字，聽來便「陽」氣十足了。北音却陰盛陽衰，除了陽平字外，上、去的字，絕太部分讀陽聲為陰聲，陽上聲或許能找出少數幾個字，如「語」、「雨」、「染」等是，陽去聲便很難找得出來了。元時北曲，想必也是如此，才只把平聲分出陰陽來。崑腔的北曲，乃南曲的北曲，上去聲都得像南曲那樣分別陰陽，所以崑腔的北曲，不止四聲，而有六聲。本書所據，是崑腔的北曲，上去聲也只好一分陰陽了。

國語以北音為準，上去聲字，大都把陽聲讀成陰聲，連「入」派三聲的陽聲字，也受了池魚之災，因而上去聲一如元代的北曲，不分陰陽。翻開中原音韻，用國語去念，陰陽符合；若以國語去念韻學驪珠，便會有陰錯陽差之感，感覺到國語的陰陽和崑腔北曲的陰陽格不相入：其實，這只是字的陰陽發聲不同，以國語發聲，陽聲字便少了，並不是沒有陽聲，陽聲固在！

若要比較北曲和國語兩者的陰陽，字面的讀陰讀陽，實無關宏旨，主要在兩者的陰陽特有性質若何，如果相同，則北曲有關於陰陽的譜法，少不得可以應用於國語。

吳梅顧曲麈談：

「大抵陰聲宜先高後低、陽聲宜先低後高，無論南北諸曲，皆如是也。」

陰聲宜抑，抑便要先高後低；陽聲宜揚，揚便要先低後高：這陰抑陽揚，便是陰陽的特性。

北曲的陰陽，限於平聲，上去俱無，所以陰陽的地位屈而居次，讓四聲登了主位，有時候，陰陽說什麼也扭不過四聲，被破壞了陰抑陽揚的規律。

國語四聲，和北曲一樣，只有平聲分陰陽，陰抑陽揚之律，施於國語，應無不合（詳見本節叁行腔）。

貳、四聲

清劉禧延中州切音譜贅論：

「北音呼陰平，如吳音陰上聲；陽平如吳音陰平聲；上聲陰陽無別，概如吳音陰去聲，去聲亦陰陽無別，概如吳音陽去聲。」

四聲受方音岐異的影響，變得漫無定準，清時如此，現代也如是。

就南北而言：北平的上聲，如「鄗」字，正如敝處溫州的入聲「屋」字；山東、河南的陽平聲，如「平」字，正如南方的陰去「聘」字；北平的上、去聲，如「買賣」，湖北石首讀作「賣買」，上去顚倒；西南音的去聲，如「駕」字，正如北平的上聲「假」字；北平的去聲，尤其曲韻列入陽去的字，有好些被溫州人讀作南方的上聲，如「靜、甚」等是，溫州音有點「古」，韻學驪珠去聲字下註有「本上聲」的，溫州人大多還其本來。……

就北方而言：山東、河南的陰平聲，如「英」字，正如北平的上聲「影」字；北方無入聲，而河北沙河、任縣等處，却四聲齊全不缺。……

就南方而言：南方都有入聲，獨江西九江一帶沒有，如「八」作「覇」，「七」作「契」是；溫州與青田，相隔僅一百二十里，語言不通，青田讀陽平字，如「材」字，正是溫州的入聲「賊」字；更有甚者，溫州永强鎭，離城方三十里，下一字的平仄，受上一字的平仄支配，若上字爲仄，則下字平仍爲平、仄仍爲仄，若上字爲平，下字則平仍爲平，而仄亦爲平，如「斗斤」二字，上仄下平，平仄不變，而「斤斗」便讀作「斤搬」，平仄成爲平平，時平時仄，亦仄亦平，平乎仄乎！連平仄都鬧混了。……

四聲無定準儘管無定準，好在有書—韻書爲證。

中原音韻分四聲爲陰平、陽平、上、去，正與國語的四聲相同，如果用國語去念中原音韻中的字，且不管字音若何，四聲却彼此相符，毫不走板，要有，便在「入派三聲」上。

北曲無入聲，入聲字沒處去了，便派入三聲，作平、作上、作去。據吳梅顧曲塵談，陰入聲派歸陰上，陽入聲派歸陽平和陽去。國語也無入聲，却來一手「入派四聲」：陰入聲不限於都作陰上，有作陰平的，如「一」、「七」等是，也有作去的，如「錯」、「客」等是；曲韻派歸陽平的，國語也有作去，如「鶴」、「爆」等是：北曲與國語兩者四聲不符之處，便在於此。

這正如陰陽一樣，都是字面上的問題，儘可置於不理，只要論國語就依國語，論北曲就依北曲，便兩造無爭了；主要在兩者四聲的分法和特性，以國語的四聲湊南曲的八聲，無異以巨無霸的脚去穿繡花鞋，非截足無以適履，而北曲的四聲，與國語正是天造地設，這就算相符了一半，另一半，便看特性若何，如果特性相同，無疑的，北曲譜法大可應用於國語歌曲的作曲。

一、平　聲

「平聲平道莫低昂」，莫低莫昂，自然是「平」了。平聲的性質，便是這個「平」字。

清徐大椿樂府傳聲平聲唱法

「平聲之音，自然舒緩，周正和靜。……其訣尤重在出聲之際，得舒緩周正和靜之法。」

所謂「舒緩周正和靜」，仍不外乎「平」，尤其是出聲，務得其「平」。平雖是平，所配的腔，却不能也跟着一平平到底，眞個那樣，便是死死板板的「死腔」，該讓鬼來唱。

王季烈螾廬曲談：

「平聲之唱法，宜於平，雖腔屢轉，而舒緩和靜，無上抗下墜之象。」

「上抗下墜」，是狂飆掀起的巨浪；屢轉的腔，只能像「吹皺一池春水」的微波，仍然得平之旨，得平之髓，這才是正道。

平聲的特性是「平」，但平分陰陽——自盤古氏開天闢地，即肇陰陽；伏羲氏畫八卦，來個乾三連、坤六斷；上帝造人，不止造一個夏娃，還造了個亞當：陰和陽永遠是相背的。平聲一旦加上了永遠相背的陰陽，恐怕平而難平了。

㈠陰平：陰平是平聲加上了陰聲，其特性也兼具了平聲的平和陰聲的抑—出聲平而收音抑。陰陽原弱於四聲；而陰陽之中，陰又弱於陽；陰聲對於平聲的影響應該是輕微的。陰平仍以平爲主，收音或稍抑。

明沈寵綏度曲須知四聲批窾：

「陰平字面，必須直唱，若字端低出而轉聲唱高，便肖陽平字面。」

所謂「直唱」，便是平。他說陰平不可先低後高，但沒有說不可先高後低，「平」中既含有「抑」的成份，讓它出聲高而收音略低，又待何妨。

在國語中，陰平的收音雖也稍「抑」，但比北曲陰平更爲輕微，輕微到幾近於無。

㈡陽平：顧名思義，陽平應該是加陽聲於平聲而成，應該是「陽」光萬道，「陽」氣千條；偏生其中含有陰聲，而且是相當份量的陰聲。

明沈寵綏度曲須知陰出陽收考：

「中原字面有雖列陽類，實陽中帶陰，如絃、迴、黃、胡等字，皆陰出陽收，非如言、圍、王、吳等字之爲純陽字面，而陽出陽收者也。」

依此，陽平聲有純陽和半陰半陽之分，但不止於此，其中恐怕還有一種令人難以置信的純陰的陽平存在。

1純陽：道地的陽聲與平聲結合的陽平，出聲陽，收音陽，陽出陽收。它的特性，自是把陽聲的揚加於平聲的平，陽聲强於陰聲，因而對於平聲的影響力也較陰聲爲大，造成先平後揚、出聲低收音高的上揚之象，正如度曲須知所說的：「字端低出而轉聲唱高，便肖陽平字面。」

2半陰半陽：這除了度曲須知的陰出陽收而外，還有元卓從之中州樂府音韻類編的陰陽平：

(1)陰出陽收：南曲中，陽平都是純陽的陽出陽收；北音陰盛陽衰，才會有陽中帶陰的陰出陽收字面，陽平如此，陽去如此，陽入聲派入陽平或陽去的也如此。由於出聲陰抑，收音陽揚，這半陰半陽的陽平，特性仍然未變，照樣的先抑後揚，先低後高，保持了上揚之象。

(2)陰陽平：這是卓從之的獨活，在平聲之下，分列陰、陽和陰陽三類。陰陽類中，有中原音韻列爲陰平的，也有度曲須知所說的純陽和陰出陽收的陽平字，這些字，吳梅在卓韻序中說是「可陰可陽」，盧前在卓韻序中說是「陰陽兩用」，汪經昌在曲韻五書例略中說是「陰陽互通」，師生三人，說法一致，但沒說出究竟如何個「兩可」、「兩用」、「互通」法，讓我這死心眼的老粗捉摸了多少年也捉摸不透！若說一個平聲字，作陰也可，作陽也可，隨便！天下只有「隨便」最不好擺弄！若說甲地讀作陰平，乙地讀作陽平—像卓韻魚模部陰陽類有「書舒輸」三字連列，該是同音，北平人讀來，都是陰平；而南陽、許昌等大部分的中州河南人讀來，「書舒」仍是陰平，「輸」却讀作陽平的「如」字音：如果元時中州音也讀「輸」爲「如」，那就該列入陽類，如果仍讀爲「書」，就該列入陰類，今卓韻入於陰陽類，難道除了陰聲和陽聲之外，還有夾在陰陽縫裡的「陰陽類」？若有，尙請海內知韻知音的方家們大發慈悲，讓老粗的死心眼通通竅！老粗的心眼裡，陰便是陰，陽便是陽，白天便是白天，夜晚便是夜晚，人便是人，鬼便是鬼，絕沒有白天是陽世的人，夜晚變作陰曹的鬼，若有，就得請鍾馗爺大發神威，把這些傢伙全給呑進肚子去！陰陽平的陰陽不定，暗昧難明，也只好暫時呑進肚子再說！

3. 純陰：男人體內全是女性賀爾蒙，寧非奇哉怪也？崑腔北曲的陽平中，就有這奇哉怪也的事！清劉禧延中州切音譜贅論：

「崑腔之北音，而非眞北音，則統曰中州音而已。」

所謂「中州音」，是天知、地知、你知、我不知之音。中州之地，卽令河南省境，如果僅就現代的河南音末看，陽平都近於陰去：純陽的陽平，如「靈」、讀若國語的「令」，「羅」，讀若國語的「落」，國語去聲，只陰不陽，令、落等字，曲韻歸於陽去，國語都作陰去；至於陰出陽收的陽平，河南音更是十足的陰去，如「斜」讀作「卸」，「頭」讀作「透」：去聲而陰，抑上加抑，自是出聲高收音低、先高後低的下抑之象。現代的中州音如此，崑腔的中州音是否也如此，却不得而知！不過劉氏中州切音譜贅論曾云：

「若中州音陽平與吳音相混，則非平聲而竟去聲矣。」

儘管劉氏的話不是强有力的證明，而以今律昔，雖不中，不遠了。再就崑腔北曲陽平聲所配的腔來看，這種陰抑的特性，分明存在，實際上該沒有近於陰去的陽平字，曲韻中找不到，曲譜中也唱不出，現在能唱得出的，只有陽出和陰出兩種，這眞是理所難明，也許是今之爲今，昔之爲昔吧！無以爲譬，只好說：儘管體內分泌的全是女性荷爾蒙，外表上仍是大男人一個。

國語的陽平聲，只有純陽的陽出陽收，和半陰半陽的陰出陽收，全是出聲低收音高、先低後高的上揚特性，絕無純陰的下抑特性存在。

二、上　聲

清李漁閒情偶寄：

「平、上、去、入四聲，惟上聲一音最別：用之詞曲，較他音獨低；用之賓白，又較他音獨高。」

李漁之所謂「別」者，是併白與唱而言：白的上聲、是南方的上聲，所謂「厲而舉」，所謂「高呼猛烈强」者也，不適於唱；唱的上聲，宜低出，宜幽沉。明沈寵綏度曲須知與王驥德方諸館曲律都引沈璟語：「遇上聲當低唱。」；清李漁閒情偶寄也說：

「曲到上聲，字不求低而自低，不低，則此字唱不出口」

唱的上聲，近於國語的上聲，出聲低，收音高。

明王驥德方諸館曲律論平仄：

「大略平、去、入啓口便是其字，而獨上聲字須從平聲起音，漸揭而重以轉入。」

清徐大椿樂府傳聲：

「上聲只在出聲之際分別，方開口時，須稍似平聲，字頭半吐，即向上一挑，方是上聲正位。」

所以，上聲的特性，同於純陽和陰出陽收的陽平，都是上揚的，上揚程度，上聲更甚於陽平。

因爲是崑腔的北曲，上聲且先分陰陽再說：

㈠陰上：陰聲的抑加諸上聲的揚，發生相抵消的作用，而陰聲性弱，抵消不了多少，所以陰上的特性，仍是上揚。

㈡陽上：陽聲的揚，又加上聲的揚，那是火上加油，所以陽上是四聲中上揚程度最高的一聲。

國語的上聲，陰上聲字佔去絕大部分，陽上聲字極少，儘可不必分陰陽。它的特性，同於崑腔北曲的上聲，都是上揚的，也都是最低的；不過國語上聲，出聲悠長而微降，收音上挑而短暫，所以上聲在國語四聲中，算是最長的一聲。而崑腔的四聲中，最長的却是平聲。

清徐大椿樂府傳聲：

「四聲之中，平聲最長。」

崑腔北曲上聲，雖是最低，却非最長，可見當時上聲的讀法，與國語上聲或微異焉。

三、去聲

吳梅顧曲麈談：

「去聲之音，讀之似覺最低，不知在曲調中，則去聲最易發調，最易動聽。」

王季烈螾廬曲談：

「曲中去聲字，唱之最高，……念白則反是。」

去聲讀來似低，唱來却高，這就不止「上聲一音最別」了。上聲的高低長短，南北相異，而去聲却是南北一致的，它是四聲中最不受方音影響的一聲，所不同者，僅西南一隅之音而已，川音的去聲，如同國語的上聲。所以，去聲的「別」，和上聲一樣，也在於白與唱，撇開賓白不說，去聲便「別」不到那裡去。

明沈寵綏度曲須知與王驥德方諸館曲律，都引沈璟語，謂「去聲當高唱」；高唱者，以去有送音也。

明沈寵綏度曲須知四聲批竅：

「古人謂去有送音，……送音者，出口即高唱，其音直送不返也。」

由於「迸」，故出聲必高，收音必低，可見去聲是具有先高後低的「抑」的特性。「出聲高」的高，是相對的高；「高唱」的高，是絕對的高，去聲既有相對的高，更有絕對的高。根據詩的抑揚律，平爲揚，仄爲抑，上聲去聲都是仄，都屬於抑的低聲字，而去聲除了低音性之外，還具有高音性，故云：「去聲當高唱。」不過，北曲去聲的音高，不應高出平聲之上。

清徐大椿樂府傳聲：

「南之唱去，以揭高爲主；北之唱去，不必盡高，惟還其字面十分透足而已。」

這位徐名醫的話，是指多數而言，而突出的仍有不少。表九十四中，陽去的音高，與陰平並駕而趨，都達伬字（$\dot{5}$）。這些伬字，見葉譜夢怕、刺虎二折者二，都是朝天子第七句第一字，都是陰平，都配仜伬（$\dot{3}\ \dot{5}$），夢怕的朝天子，王譜刪而未收，刺虎則王譜改用單腔仜字（$\dot{3}$）；又葉譜哭像折朝天子第七句第二字，入作陽去，配仜伬，王譜却作仜伿（$\dot{3}\ \dot{2}$）：這三折都用小工調，小工調的伬，音高高到了頂，笛中極難吹出，肉喉更難揭起，一般都不用，所以這三個伬字，儘可略而不計。若此，則平聲最高至仉字（$\dot{4}$），去聲最高至仜字（$\dot{3}$），比平聲低了一度，但小工調仜字的音高還是很高，所以說：去聲具有相對的高和絕對的高。去聲也且分陰陽再說：

㈠陰去：去聲的抑，再加陰聲的抑，抑了又抑，抑之甚者也。

明沈寵綏度曲須知四聲批窾：

「去聲高唱，此在翠字、再字、世字等類，其聲屬陰者，則可耳。」

陰去是四聲中抑的程度最高的一聲，所以儘可出聲高揭，而後收音低濿。

㈡陽去：去聲的抑，加上陽聲的揚，陽去便成了抑中帶揚的特性——出聲低起，而後揭高，而後下降，與陰去的特性截然不同。

國語去聲，和上聲一樣，也不分陰陽，而去聲非不分也，實無可分也，所有的陽去聲字，都被陰去吞而併之，絕了種了，惟陰去獨尊！它和北曲陰去的特性相同——出聲高揭，收音低濿。

叄、行　腔

四聲陰陽，各有其特性，腔可不能再有特性了！否則，這也特性，那也特性，特性配特性，能配得上者幾希？腔字相配，寧非太難了些！

腔眞的沒有特性嗎？升腔的「升」和降腔的「降」，不是特性又是甚麼？然則其他諸腔中，既升且降，其特性又是甚麼？單腔的不升不降，其特性又是甚麼？何況升腔和降腔的使用，並不限於升和降，所以，腔的特性，與其說有，毋寧說沒有。

腔既然沒有特性，則腔可適合於任何的四聲陰陽，也就是字音可適合於任何的腔；若此，則腔字相配，大可隨便，又何必斤斤於字面？不錯，任何字音可配以任何的腔，但它們的相配合，却不是隨便的；若是眞個可以隨便，則四聲陰陽的特性，雖存實亡，崑腔高聳的那塊「字正」的招牌，也將砸爲齏粉，崑腔又何以其爲崑腔乎！

崑腔「字正」的招牌，實際上只有半塊，那是南曲，北曲便不盡然了。

王季烈螾廬曲談卷三：

「北曲中陰平陽平，同一唱法；陰去陽去，尤不甚分析；……若律以南曲之宮譜，則乖戾甚多，然在北曲固無妨。」

又：

「北曲之腔格，有去聲上聲字均可用者：……其腔去上聲可通用也。」

根據王季烈的話，北曲字聲配用諸腔的規律，却是稀鬆得很！陰陽既不分，上去又相混，剩下來的，豈不只有平仄了？他的話對或不對，先不置論，且看字聲配用諸腔的百分率，也許能找到點兒什麼！

表九十五

聲 \ 百分率 \ 腔	單	升	降	峯	谷	倒	摺	疊	簇	擻	頓	豁
陰平	48·5	10·8	20·7	1·39	0·67	1·68	0·15	6·56	9·31	0·21	0·04	
陽平	43·2	17·4	17·7	1·53	0·93	2·35	0·13	5·99	10·5	0·17	0·10	
陰上	34·6	32·7	14·6	0·79	1·88	0·86	0·22	3·79	7·76	0·06	2·68	
陽上	29·7	37·5	13·4	0·47	2·10	0·82	0·47	3·27	9·24	0·11	2·92	
陰去	33·2	5·19	26·1	0·30	5·74	0·15	1·56	2·42	9·63	0·10	0·56	15·1
陽去	27·2	10·4	21·8	0·28	6·37	0·91	1·54	2·94	12·6	0·03	0·56	15·4

表九十五，是腔字相配的百分率：粗看，配用的規律，確是稀鬆得很，似乎大可隨便；細看，有的固然有點渾沌，有的却又井然。今且逐腔看來：

一、單 腔

單腔實是毫無特性可言，所以能配用於任何的四聲陰陽，而且用得最廣，從葉王二譜北曲中取出的一八一八八字，配用單腔的，竟有七〇六三字，占百分之三八·八三，列居冠軍。

表九十五中，單腔的百分率，只有陽上聲次於升腔；其餘五聲，無不居首，尤其陰平聲，竟高達四八·五，幾乎占去一半：單腔使用之廣，非他腔所能及。

㈠單腔廣被使用的原因：

1板促：北曲的板，用贈板的，只二犯江兒水、折挂令和新水令三調而已，其餘的概用三眼板與一眼板。一眼板急促，雖然不會急促到非用超音速的單腔不可，而使用單腔的字，却占去一眼板的大部分。三眼板雖緩，但北曲不慣於用長腔去拖牛車以留連，務祈「腔繁而音促」。

王季烈螾廬曲談卷三：

「腔繁而音促，南曲中之長三眼腔，北曲中絕不多見。」

而且北曲襯字過多，不得不移動板式，本來板緩，竟成紘促，於是只好借重單腔了。

2自由：由於能適合於任何的四聲陰陽，單腔的使用，頗爲自由，每逢不得開交之處，使用單腔是旣能偸懶而又不出紕漏的好辦法！這是因爲：

(1)字不眞：大凡字面唱得眞，必須把字的頭腹尾唱得完整，這就得有足夠的音時，如果音時要「搶」，便無暇再顧及什麼頭什麼尾了。

明沈寵綏度曲須知絃索題評：

「煩絃促調，往往不及收音，早已過字交腔，所爲完好字面，十鮮二三。」

淸李漁閒情偶寄：

「快板曲止有正音，不及頭尾。」

國劇中，大花臉唱快板，像雙管四十米厘砲手，一陣連放，還有什麼字面不字面？板促處的單腔，既可不顧字面，自可適用於任何的四聲陰陽。

(2)字眞：單腔是大丈夫，能屈能伸，屈於促而伸於緩，其實只要有一拍音時的緩，度曲者自然能就四聲陰陽的特性，將收音微抑或微揚，以求字面的完好：板緩處的單腔，自也可以適用於任何的四聲陰陽。

3.調節：崑腔號稱水磨腔，喜用長腔，但不能沒有短腔，長短調節，方顯停勻。雞肋骨多嫌瘦，蹄膀油多嫌肥，瘦則無味，肥則生膩，不瘦也不肥，既有味，又不膩矣。如果崑腔字字水磨，餐餐蹄膀，眞會把人膩出油來，水磨腔安可無短腔以相濟乎？三音的腔，不算太短，再短些便是二音，那只升腔、降腔和疊腔中有之，使用時未免要受些限制；只有單腔，既可自由使用，又是短腔中最短的腔；於是乎生意興隆，百分率列居首位。

㈡單腔在使用上的考慮：單腔雖可自由使用，卻仍有商榷之處：

1.音域：首先考慮表九十四所列四聲的音域，那只是小工調，還要參看表九十六各調的音域，再就表三互作對照，音的高低不至超出音域之外，便不會與度曲者的肉喉搗蛋了。（表九十六是腔的首音分調音域，適用於諸腔。不論何腔，首先都得考慮音域，庶不超越表九十四與表九十六的範圍；以下諸腔，莫不如此，不復贅述。）

2.四聲：單腔雖可適用於任何的四聲陰陽，而四聲陰陽的特性各有不同，使單腔在適用的程度上也分出了高下，見表九十五單腔欄：

(1)陰平：陰平是平聲，要平出、要直唱，最適合於單腔；雖然陰抑影響收音的下降，但程度輕微，不降也罷，所以百分率高達四八·五，居六聲之首。

(2)陽平：陽平也是平聲，雖然陽揚的影響甚於陰平的陰抑，究竟還是平聲，何況更有純陰的陽平，所以它的百分率仍然很高，達四三·二，居六聲之次。

(3)陰上：

明王驥德方諸館曲律：

「上聲字須從平聲起音。」

表九十六

調名 / 音名	正工	六字	凡字	小工	尺字	上字
仜 3̇				0·17	0·16	0·45
伬 2̇			0·35	1·04	1·13	2·02
仩 1̇		0·03	2·00	6·16	4·36	9·26
乙 7			0·62	1·60	1·15	1·58
五 6	1·43	2·35	6·90	13·4	12·3	18·9
合 5̣	15·8	8·76	6·90	1·60	2·47	2·26
凡 4̣	0·82	0·62	0·55	0·12	0·06	0·23
工 3̣	9·71	7·33	4·14	0·68	0·40	
尺 2̣	1·26	0·31	0·21		0·03	
上 1̣	3·73	0·44	0·27	0·22		
一 7̤	0·05					

音／百分率／聲	乙 一 7 7̣	凡 凡 4 4̣
陰平	2·21	0·58
陽平	2·21	0·69
陰上	2·12	0·55
陽上	4·74	1·19
陰去	1·36	0·91
陽去	1·68	0·52

表九十七

塡詞之時，應作上者，往往以平代之，就因爲上聲平起，與平聲最爲接近；再加陰上的上揚被陰抑抵消了一些，上揚趨勢，更近陽平，所以它的百分率達三四・六，六聲中居第三位。

(4)陽上：這是上揚程度最高的一聲，適於升腔，但看在平起的面子上，也讓它沾沾單腔的邊兒，所以百分率低了許多，僅二九・九，居六聲中倒數第二。

(5)陰去：去有送音，用單腔去送，亦無不可。

清徐大椿樂府傳聲：

「今北曲之最失傳者，其唱去聲盡若平聲。」

陰平與陰去都是抑的特性，唱去聲若平聲，究竟是錯誤的，陰平的抑，怎比得上陰去的抑？陰去配用單腔的百分率也比不上陰平，僅三三・二，六聲中居第四位。

(6)陽去：這是抑中之揚，下半截是去聲，上半截似陽平，但它不從平聲起音，與陽平並不接近，所以對單腔的適合性最低，百分率僅二七·二，居六聲之末。

國語四聲之與單腔，應與崑腔北曲的情形差不許多，其中雖無純陰的陽平，但無影響於單腔的適合性，惟上聲不分陰陽，陽上混入陰上，使用單腔，應特別注意陽上聲字，多予考慮。

3.乙凡：北曲雖用乙凡，而百分率却低，單腔也是如此。

清徐大椿樂府傳聲：

「笛中出一凡字合曲者，惟去聲爲多。」

單腔却不然，表九十七中，不論乙或凡，都以陽上的百分率爲最高；即以字數而言，去聲用乙字者二十二，用凡字者十，而平聲乙字有九十五，凡字有二十七，都不是「去聲爲多」。單腔如此；他腔如何，詳見本章第二節。

二、升　腔

硬說升腔沒有特性，却是不該，「升」便是顯著的特性。四聲中，凡是上揚的字聲，都可與升腔好合無間。表九十五升腔欄，百分率最高的是陽上，其次陰上，再次陽平；上揚的趨勢，原本是陽上最强，其次陰上，再次陽平，上揚字聲與升腔相配，天作之合！天作之合！

然則下抑的陰平、陰去和陽去，也都配用升腔，百分率又不太低，則又是誰作之合？根本是背其道而行，何合之有？然而崑腔北曲中，背也背了，行也行了，其有說乎？

㈠行腔不當的原因：

1.塡隙：前字腔的首音與後字腔的首音之間，如果音程太大，而又要避免大跳，前字所配的腔又受四聲陰陽的限制，百般無奈，只有多用只個音去塡塞空隙。

2.板緩：板緩之處，音時必久，北曲剛勁，很少把一個音拖得老長的，爲了紘促，也只有多用幾個音以湊合板眼。

3.弱拍：拍的强弱，與字在句中的位置有關：連的首字，大多在强拍上；間的首字，大多在弱拍上，且又多是句中不甚重要的字，這些字的行腔，稍作通融，在所難免。

4.附腔：一腔之內，又有正、附之分：正腔在前，所以區別字的四聲陰陽；附腔在後，乃爲與後字的關聯而設，附腔也在通融之列。

5.腔格：曲調的主腔與結聲，大都一定：主腔所在，絲毫不能變動，絕不因四聲陰陽而有所遷就，粗看之下，有行腔不當的感覺。結聲是一調末句末字的音，也少有變動，末字的前字的腔，爲了配合結聲，也不妨稍有不當之處。

(二)下抑字聲配用升腔的情形：

1陰平：表九十八，陰平配用二音升腔的百分率，高達九九・六，三音與四音都只〇・二；若論字數，用二音升腔的，凡五百字，三音與四音各僅一字。

(1)二音：以二音升腔配陰平，並不會令字聲走樣（說見三降腔），雖然陰平要平唱，或收音略抑，但用二音升腔時，下抑之勢，可從後字的首音補足，也就是在後字的首音回復原位或下跳，如陰平配上尺（1 2），後字的首音便是上或四，二一六個連中，不依此律的，僅百分之五・二（詳見本章第五節）。

表九十八

聲　百分率　音	二音	三音	四音
陰平	99·6	0·20	0·20
陰去	100		
陽去	95·1	4·35	0·33

(2)三音：僅見葉譜馬陵道擒龐折鬥鵪鶉次句「廝間廝諜」的第一個「廝」字，配用合四一（5·6·7·），點頭板與側眼，共兩拍：合（5·）占一拍半，含四分之一拍休止，可視爲正腔；四一（6·7·）占半拍，可視爲附腔。其實，「廝」字之前爲「人」字，是襯字，點中眼與側眼，共兩拍，含半拍休止；「人廝」的關係又是間：休止加間，使上下字的關聯幾近斷絕，「廝」字儘可另起爐灶，三音的合四一，去了合字，四一足矣。

(3)四音：僅見王譜貨郎旦女彈折七轉第八句「命淹黃泉下」的「淹」字，而葉譜與廣正譜均作「掩」，陰上聲，陰平字中，這「淹」字可剔除不計。

2.陰去：陰去配用升腔，只有二音。二音升腔，可視同單腔加豁號，正是去聲專用的腔（見本節十二豁腔）；葉譜沒有豁號，都以二音升腔作爲單豁。

3.陽去：

(1)二音：以二音升腔作爲單豁，配用於陽去，比陰去更合適（見本節十二豁腔）。

(2)三音：陽去配用三音升腔的，凡十三字，其中，爲間者十字，爲斷者一字，點眼者十二字，這都可以通融；所不能通融的，連末二字，和點頭板一字。

A.連末：其一是長生殿覓魂折寄生草么篇次句「直上天」的「上」字，一般都作陽去，此處實應作陽上，正合於三音升腔；另一是邯鄲夢雲陽折喜遷鶯首句疊句「風馳電發」的「電」字，葉譜用合四上（5̣ 6̣ i）而王譜用簇腔合四上一四（5̣ 6̣ i 7̣ 6̣），先升後降，或較適宜於陽去抑中有揚的特性，應從。

B.頭板：見浣紗記勸伍折鵲踏枝次句「踐邱壠沒根苗」的「沒」字，王譜用上尺工（1 2 3），一拍，葉譜則用合四（5̣ 6̣），應從。

(3)四音：僅葉譜浣紗記賜劍折四塊玉第四句「酒杯送入迷魂陣」的「入」字，用上尺工六（1235），點頭眼、中眼、末眼，共三拍。據廣正譜，此句於一、三、五、七字點頭板，葉譜雖省去「酒」字一板，而「迯」字仍然有板，致「入」字板緩，且「入迷」的關係又是間，所以用了四音；王譜却連「迯」字也省去一板，致「入」字板促，改用單腔：葉譜不合於行腔，王譜不合於板式，均不可從。

㈢上揚字聲與四音升腔：雖是上揚字聲，四音升腔也很少用，二一六七上揚字中，用四音升腔的僅十六字，計陽平一，陰上十三，陽上二，且多用於間或弱拍。

1間：十六字中，間居十四，末居二，末之一是間末，雖末亦間；所餘僅連末一，見王譜吟風閣罷宴折四邊靜首句「身先黃壞」的「黃」字，配四上尺工（6̣123）。上揚的陽平字聲，一般都只兩個音符，其後雖可留連纏繞，但繼續上升至四音，似不甚宜！葉譜用簇腔中的峯簇工六工尺（3532），正是平聲合適的腔，應從。若此，則「黃」字可以不計，所遺十五字，無一非間。

2拍：置於弱拍的字聲，它的固有特性會臨時削弱。十六字中，置於弱拍—點眼的，凡十三字，其餘三字，却點頭板—强拍：其一卽罷宴折的「黃」字，按四邊靜首句四字，廣正譜所列兩格，都在第一字和第四字點頭板，王譜斬娥折和哭像折四邊靜的首句，點板都依廣正譜，只有罷宴折，在第三「黃」字點頭板，第四「壞」字點腰板，應屬非是，葉譜此句點板，亦同廣正；另二字是鳥夜啼第七句叠句的第五字，卽王譜滿床笏卸甲折「可容身」的「可」字，和鐵冠圖守門折「損殘軀」的「損」字，都配上尺工六（1235），於上字點頭板，工字點腰板，計三拍，大成譜只點頭板，不點腰板，若依大成，則三拍可減爲一拍，四音也可減爲二音，成反節奏，强拍變弱，若此，則十六字中，無一强拍。

綜上所言，揚的字聲配用升腔，可二音或三音，四音很少使用，要用也都用於間或弱拍上；抑的字聲，則以二音爲限，三音與四音，均非所宜。

國語四聲配用升腔，似乎也可如此：陽平用二音，間或三音；上聲用二音和三音，間或四音；陰平和去聲，都只二音而止，而陰平還要在下一字腔的首音回至原位。

三、降腔

降腔也不能說沒有「降」的特性，與下抑字聲相配，該又是天作之合。字聲下抑之勢，陰去最强，其次陽去，再次陰平；表九十五降腔欄，恰好陰去的百分率最高，其次陽去，再次陰平。而上揚字聲也配用降腔，而且比下抑字聲配用升腔的百分率還高出一些（見表九十五），這豈不是喬太守亂點鴦鴛？

㈠陽平：表九十九中，陽平配用降腔，比下抑字聲還多出一個音，竟至六音。西樂對於連續上升或下降至多少個音，却無限制；而崑腔北曲，升腔止於四音，降腔止於六音。這六音降腔，僅見葉譜千金記追信折得勝令第七句「綸竿」的「綸」字，配用五六凡工尺上（654321），連降六音，極少有留連纏繞之緻！王譜用簇腔的降簇六凡工六尺上（543521），比六音降腔多些抑揚曲折，應從。如果把這個「綸」字剔去不算，陽平還和下抑字聲一樣，用到五音下降，這完全是純陰的陽平作祟，難怪王季烈說「北曲中陰平陽平，同一唱法」了。還有，爲了使陽平聲不致大變，才用降腔，順級的降腔，差不多能使四聲不走樣。

表九十九

聲＼音 百分率	二音	三音	四音	五音	六音
陽平	79·1	18·1	1·93	0·72	0·12
陰上	80·4	18·3	0·87	0·44	
陽上	79·1	19·1	1·74		

南曲中，陰入聲的譜法與陰平同，陽入聲的譜法與陽平同，因爲入聲拖長之後，即成平聲，前人言之詳矣。實際上，上聲和去聲拖長了，照樣的成爲平聲。平劇裡的慢板，字字長腔，不管什麼名伶，什麼老輩，不論口中勁節如何見功夫，只要是長腔，外甥打灯籠，照舊是平聲。不止此也，一個長腔之中，還會有四聲出現；向上的跳

進，會出現陰平聲，有時會出現南方的上聲；向下的跳進，會出現去聲。不止此也，休說是長腔，即使是短腔，只要末二音是升腔，則收音必定出現陰平聲。只有順級降腔例外，它能保持四聲不變，如果長腔的末尾是順級降腔，還能把已變的四聲扳回來，至少也扳成去聲。陽平聲之所以配用降腔，主要的原因在此。

(二)上聲：不論陰上或陽上，配用二音降腔，可視同頓音，正如去聲用二音升腔視同豁音一樣，都是正規用法。

王季烈螾廬曲談卷一：

「上聲字固宜低起；然前一字如遇高腔、及緊板時曲情促急不能過低，則初出稍高，轉腔落低，而後再向上，亦肖上聲字面。其轉腔所落低音，即所謂頓音，欲其短，不欲其長。」

所謂「頓」，是第二音落低，第三音轉高。二音降腔，正是第二音落低；雖然沒有第三音，也無從轉高，但可在下一字腔的首音補足；所以，二音降腔大可視爲頓。表九十九中，陰上配降腔用到五音，陽上用到四音。三音以上的降腔，第三音不但不轉高，却更落低，這與頓的條件不合。上聲之所以配用降腔至三音以上，就是爲了降腔差可保持上聲而不變。

總之，崑腔北曲，不管字聲的下抑或上揚，概可使用降腔：下抑字聲使用降腔，乃是本等；上揚字聲使用降腔，於理本不合，但事實上，降腔仍能保持原來字聲而不變；所以，降腔之於字聲，都有相當的百分率。

國語四聲之於降腔，同於北曲，獨陽平聲當愼用，以不超過三音爲度。

四、峯腔

峯腔首尾同音，中間音高出一至二度，一腔之中，亦升亦降，似乎沒有顯著的特性可言，但若只就首二音作爲正腔來看，則升的成分多於降的成分。

㈠上揚字聲：峯腔旣升的成分較多，自適宜於上揚字聲：

1.陽平：表九十五峯腔欄下，百分率最高的是陽平，這當然是峯腔第一、二兩音的正腔合於陽平上揚的特性，但第三音的附腔，却更合於陽平與後字的關聯（詳見本章第五節腔的聯絡）。

2.上聲：雖峯腔的正腔合於上聲的揚，而附腔對於後字的關聯，却有所限制（詳見本章第五節），所以上聲平均百分率僅〇・六三，尚不及陽平之半。

㈡下抑字聲：峯腔的正腔，不宜於下抑字聲，但陰平例外：

1陰平：以二音升腔配陰平。尚且可在後字腔的首音補足陰平的下抑之勢，今峯腔却於本字的第三音補足，自更適宜；何況中間音的上升，並不令陰平走樣，而第三音的附腔，與後字的關聯比陽平更合（詳見本章第五節）：所以陰平的百分率，僅次於陽平。

2去聲：若視峯腔的第二音爲豁，用於去聲，倒也相合。但豁腔四八六字中，大部分是降腔加豁，豁後的一個音，比第一音要低；若豁後的音與第一音同度，則是疊音加豁，豁腔中僅有一字。峯腔恰可視爲疊音加豁，所以去聲的平均百分率僅〇・二九，尚不及上聲之半；不過，若得板眼之助，增加豁的氣勢，仍可用於去聲。

國語四聲配用峯腔，自也以陰平和陽平最合；上聲是國語中最低的聲，若用峯腔，往往第三音的附腔與後字的關聯不合，土語上聲，又當別論；去聲用峯腔，似較上聲爲宜，因爲正腔可視爲單音加豁，附腔對於後字的關聯，要比上聲爲廣（詳見本章第五節）。

五、谷　腔

谷腔與峯腔同其型而反其道，中間音比首尾疊音低，因而降的成分多於升的成分。表九十五中，自平聲至去聲，峯腔的百分率遞減，谷腔却遞增。

㈠下抑字聲：谷腔既降的成分多，應合於下抑字聲，偏生陰平的百分率最低（見表九十五谷腔欄）。

1陰平：若以第一、二兩音爲正腔，恰是二音降腔，應該與陰平相合；但第三音的附腔，與後字的關聯不大合適：所以百分率最低（詳見本章第五節）。

2去聲：陰去和陽去的平均百分率爲六．〇六，比上聲大三倍有餘，這當然表示谷腔的正腔與去聲頗爲相合，但仍要注意附腔與後字的關聯，如果不合，雖去聲也不能與谷腔相配。

㈡上揚字聲：

1陽平：崑腔的北曲雖有純陰的陽平，可是與谷腔的正腔相配，究非尋常，何況附腔與後字的關聯多不合，所以陽平的百分率很低。

2上聲：谷腔的第二音下降，第三音上升，與頓腔極相似，用於上聲，自無不可，所以上聲的平均百分率，比平聲的大兩倍有半，比峯腔配於上聲的平均百分率大三倍有餘。上聲的百分率雖不及去聲甚多，但與谷腔最能相合的，還是上聲，由於谷腔與頓腔極相近，且第三音與後字的關聯，範圍也比去聲爲廣（詳見本章第五節）。

國語四聲中，與谷腔最合的，應該也是上聲；去聲是否能用，得看與後字的關聯而定；陽平不論陰出或陽出，都只見其升，與谷腔最不相合；而陰平若能得板眼之助，使谷腔反有峯腔之緻，倒也可用。

六、倒腔

倒腔與峯腔極為相似，所不同者，倒腔的第一、二兩音必為越級升腔，第三音必比第一音高出一至二度，所以，倒腔也是升的成分多於降的成分。

㈠上揚字聲：這與配用峯腔的情形相同，參看本節四峯腔。

㈡下抑字聲：

1陰平：這與配用二音升腔的情形相同，也是在後字腔的首音回至原位，如前字用工六凡（354），後字腔首音必也是工字；何況倒腔的第三音已開始下降，對於後字的關聯，十分適合（詳見本章第五節）。

2陰去：表九十五倒腔欄，百分率最低的是陰去。倒腔的第三音雖低於第二音，但高於第一音，不像峯腔那樣能回至第一音原位，所以倒腔升的成分，大於峯腔；陰去是抑中之抑，配用倒腔，自不相宜，在一九八三個陰去字中，配用倒腔的，僅二字而已。

3. 陽去：倒腔既升且降，用於抑中有揚的陽去，却也相合，所以陽去的百分率，六倍於陰去。但爲了有別於陽平，當注意倒腔首二音之間的跳進，陽平用的，大部分是小跳；陽去則大部分是大跳，這可增加第二音成爲豁的氣氛。

國語四聲中，合於倒腔的，只有陰平和陽平；上聲由於倒腔的第三音下降，與後字的關聯不合；去聲由於只存陰去，自不宜用類似加豁的倒腔。

七、摺　腔

摺腔與谷腔很像，只是第一、二音之間是下跳，第三音比第一音低，所以摺腔降的成分比谷腔大，但它與四聲的配合，却和谷腔的情形一模一樣。

八、疊　腔

不論何腔，只要其中有了疊音，便算是疊腔，所以疊腔的細分，與腔的分類完全一樣。

表一〇〇

百分率 疊腔 四聲	疊音	疊升	疊降	疊峯	疊谷	疊摺	疊疊	疊簇	疊頓	升疊	降疊	峯疊	倒疊	簇疊	頓疊	豁疊
陰平	13•8		29•9	1•32	5•59		0•66	14•5	0•66	10•5	15•8	4•27	0•33	2•30		0•33
陽平	10•6	3•18	21•6	1•06	5•30		1•77	21•9		16•6	12•0	3•53	0•35	2•12		
陰上	2•58	23•5	13•9		4•31			13•9	0•86	22•8	4•31	3•45		4◦31	6•02	
陽上	3•70	22•2	25•9		7•41			3•70		22•2	3•70			3•70	7•41	
陰去			43•7		6•26	2•08		4•17		2•08	27•1	8•34	2•08	4•17		
陽去	2•47	2•47	37•1		3•71			12•4		4•89	14•8	7•41		11•0	1•24	2•47

玆將疊腔細分的百分率列出，見表一〇〇。

凡是疊音，都是由兩個或兩個以上同度的音重疊而成，既不上升，也不下降，所以疊音的特性，應該是一個「平」字。

單純的疊音，自是得平之旨；一旦疊音與他腔相接，平的特性便被他腔的升或降所掩蓋，尤其接在疊音之前，佔去了疊腔的正腔地位，所以，凡連接他腔的疊音與字聲相配，都得棄疊音之平，而取他腔的升或降。

㈠疊音：這是指單純的疊音，最宜於平聲：

1.陰平：陰平平出低收，收音只是輕微的下抑，還是以平爲主，表一〇〇疊音欄，以陰平的百分率爲最高。

2.陽平：陽平的收音，雖有較强的上揚之勢，究竟平的時間長，揚的時間短，也是以平爲主，所以它用疊音的百分率僅次於陰平。

3.陰上：論字數，陰上配疊音的，只有三音：其一，音時爲四拍—一板三眼，若用單腔拖得老長，非北曲之本色，所以在中眼上疊他一音，作用純是塡隙；另二音，王譜用疊音，葉譜用單腔，分則爲疊，合則爲單，一體兩面罷了。

4.陽上：僅見葉譜兩世姻緣離魂折醋葫蘆末句「引了人的魂靈」的「引」字，配工工

（3·3·），第一個工字點了「ㄇ」的符號。

葉譜凡例：

「工尺下有ㄇ者，因非實板，或重一字，……本非曲文應有者，乃搬演家起聲發調之法。」

這個「引」字，可以剔而不計。

5.陽去：僅二字：其一是塡一板三眼之隙；另一是葉譜用叠音，王譜用單腔。

國語四聲配用叠音，也是宜於平而不宜於上、去。

㈡叠升：這要棄叠就升，所以多用於上揚字聲；下抑字聲中，僅陽去有二・四七的百分率（見表一〇〇叠升欄）。陽去僅二字，葉譜都配叠升，王譜都用二音升腔，將叠音合併，叠升便成升腔，毫無兩樣。國語四聲也毫無兩樣。

㈢叠降：棄叠就降之後，自當宜於下抑字聲，表一〇〇叠降欄，下抑字聲的百分率比上揚字聲高得多。上揚字聲中：

1.陽平：由於有純陰的陽平，用叠降實不妨事。

2.陰上：百分率雖最低，字數却有十六字：十二字都在叠音後下降一音，叠音合併，便成三音降腔，可視爲「頓」；其餘四字，都在叠音後下降二音或三音，即使叠音合併，也成爲三音或四音下降，這情形已在本節三降腔中論及，不贅！

3.陽上：百分率雖比陰上高，而字數僅七：三字在叠音後下降一音；四字則下降二音；這與陰上配用叠腔的情形一樣。

國語四聲配用叠降，自也宜於下抑字聲；陽平絕不相宜，上聲則限於叠音後下降一音，作「頓」使用。

㈣叠峯：峯腔宜於平聲，表一〇〇叠峯欄僅陰平與陽平配用。國語亦當如此。

㈤叠谷：這應該與谷腔的情形一樣，而百分率却各有高低不同：

1.谷腔以去聲的平均百分率爲最高，而這裡却數上聲的最高，這已如本節五所言，最宜於谷腔的，應該是上聲。

2.谷腔以陰平的百分率爲最低，這裡却僅次於上聲的平均百分率—五·八六，因爲叠谷很自然地使最後兩音連在一起，有峯腔之緻，大宜於陰平；就是陽平，也因此而沾了光，百分率僅比陰平略低而已。

國語四聲中，只有陽平，不宜於叠谷；其餘三聲，或因後字之設，或由板眼之助，都不妨配用。

㈥叠摺：表一〇〇叠摺欄下，僅陰去有之，只有一字。

㈦疊疊：上也是疊，下也是疊，既不能棄上疊而取下疊，又不能棄下疊而取上疊，只有兼收並畜，於是，「平」的氣勢十分濃厚，自然宜於平聲。疊疊之間，或用降腔，或用簇腔，以爲聯絡，是以疊疊都是長腔；崑腔四聲，平聲最長：長腔配長聲，可不是一雙兩好！表一〇〇疊疊欄，只有平聲配用，上去皆無。

國語四聲，雖不是平聲最長，但疊疊濃厚的平的氣勢，加諸平聲，當無不宜。

㈧疊簇：疊簇的四聲分配，一如簇腔，詳本節九。

㈨疊頓：這裡只有三字，陰上一字，陰平二字，陰上自可用頓，陰平却是不宜。「千」與「低」二字，王譜都配六・凡五（5546），凡五是小跳，恰好跳在收音上，很容易使收音出現土語的上聲；葉譜「千」字用六五六凡（5654），「低」字用五（6），一是峯簇，一是單腔，應從。

國語四聲中，只有上聲宜於疊頓，使用時，疊頓的音高宜低，如果高了，既不合上聲的本色，而且後字腔的音高更高，有爲難度曲者的可能。

㈩升疊：升疊是升腔與疊音相接；如果疊音之後再接降腔，或谷腔，或簇腔，則是升疊降、升疊谷、升疊簇。不管疊音之後是否另接他腔，正腔都該是開頭的升腔，升疊應棄疊就升，以升腔爲主。

1上揚字聲：以升腔爲正腔，施之於上揚字聲，當然合適。表一〇〇升疊欄、上聲的百分率最高，陽平居次。

2下抑字聲：

(1)陰平：凡三十二字：四字配升疊，但後字腔首音都回至原位，如上尺‧‧（12 22），後字首音爲上，如果把疊音合併，則與配用二音升腔的情形相同；另二十八字配用升疊降，如六五‧‧六（5665）或工六‧凡工（35543），如果併了疊音或去了裝飾音六凡，便成峯腔六五六或工六工，用於陰平，當無不可。

(2)去聲：百分率最低，計陰去一字，陽去四字。如果視第二音爲豁，用於去聲，原無不合；但這究竟不是豁，第三音是豁的同度音，失去豁的氣度，於去聲不甚相宜。國語四聲中，上揚字聲合於升疊，升疊降便不見得合適，尤其是上聲。下抑字聲的陰平，升疊似尚可用；去聲最是不宜。

(十一)降疊：表一〇〇降疊欄的百分率，與表九十五降腔欄百分率的情形完全相同，所差者，降腔的百分率，陽去略高於陰平，而降疊則陰平略高於陽去，可見降疊之於四聲，正如降腔一樣。

(十二)峯疊：峯疊應以峯腔爲正腔，峯腔以平聲的平均百分率爲最高（見表九十五），而峯疊却以去聲爲最高。去聲的平均百分率雖高，字數却不多，只有十字，計陰去四字，陽去六字，開頭的單腔，只有一字是順級的，其餘都是越級，再借板眼之助，頗有豁的氣勢，用於去聲，却也相合。國語四聲，亦復如是。

(十三)倒疊：倒腔不宜於陰去，這裡却以陰去的百分率爲最高，不過字數只有一字，便是長生殿絮閣折出隊子末句的「慰」字，王譜配上工尺．上四上（1 3 2 2 1 6·i）。關於這個「慰」字，王季烈螾廬曲談卷三列出了四種曲譜：俗譜和吟香堂譜都配上工尺上四上（1 3 2 1 6·i），是倒簇；納書楹譜配尺工尺上四上（2 3 2 1 6·i），是峯簇；九宮大成譜配一四合上（7·6·5·i），是降簇；諸譜之中，應該以降簇爲最合，其實，只要把別的譜的開頭二音—上工和尺工去掉，便和大成譜一樣了。

國語四聲中，倒腔却宜於上聲和陽平。

(十四)簇疊：這和疊簇一樣，詳本節九。

(十五)頓疊：頓既是上聲的專用腔，偏生表一〇〇頓疊欄陽去聲出現了一．二四的百分率，字數却僅一字，即宵光劍功宴折天下樂首句中的「座」字，葉譜配凡工六．凡工六（4 3 5 5 4 3 5），是頓疊，王譜配凡工六工六（4 3 5 3 5），是頓簇，兩譜都是以頓爲正腔，似乎都不甚恰當！頓疊在國語四聲中，也只宜於上聲。

(十六)豁疊：豁是去聲的專用腔，但表一〇〇陰平聲出現了豁疊，僅一字，見王譜風雲會訪普折滾綉毬么篇末句的「悲」字，配乙伬五・六（7̣2665），是豁疊，葉譜配仩伬五六（1̇265），是豁簇：正腔都是豁，用於陰平，是否不當，且在本節九簇腔中分解。

豁疊在國語四聲中，只宜於去聲，但陰平亦可用。

總之，單純的疊音，宜於平聲；疊音的前或後接上了別的腔，就要依別的腔去處理了。

九、簇腔

簇腔的細分，也和腔的分類差不多，玆將細分的百分率列出，見表一〇一。

簇腔是依開頭三音來分，這三音便是這一細分的正腔，各細分自以正腔爲主。

(一)升簇：以升腔爲正腔，自然宜於上揚字聲；下抑字聲中，卻宜於陰平，而不宜於去聲：

1陰平：使用於陰平的升簇，只有兩種形式：

(1)於後字首音回至原位，如上尺工尺（1232），後字首音必爲上，這與二音升腔配用於陰平的情形一樣。

表一〇一

四聲　百分率　簇腔	升簇	降簇	峯簇	谷簇	倒簇	搯簇	豁簇
陰平	5·55	20·9	54·9	2·32	10·8		5·33
陽平	12·2	21·2	43·3	2·23	14·6	0·60	5·87
陰上	11·6	42·9	18·6	21·1	4·13	0·41	1·24
陽上	20·5	25·6	15·4	29·5	7·70		1·29
陰去		34·6	42·4	7·33	1·05	0·53	14·1
陽去	3·33	31·9	36·7	7·50	10·0	0·28	10·3

(2)於本字末音回至原位，如四上尺上一四（6·1 2 1 7·6·），首末音都是四，有點像峯腔；又如工六五六工（3 5 6 5 3），簡直就是峯腔的放大：這都宜於陰平聲。

2.陽去：表一〇一升簇欄，缺陰去，陽去的百分率却有三·三三，列居末位。升簇的開頭，都是三音升腔，不能視之爲豁，用於去聲，却不相宜。

國語四聲中，去聲都是陰去，大不宜於升簇；陰平雖可用，但必須在本字末音或後字首音回至原位，最適宜的，還是陽平和上聲。

㈡降簇：以降腔爲正腔，宜於下抑字聲。崑腔的陽平，不妨用降。但奇怪的是：表一〇一降簇欄，上聲的平均百分率最高，尤其陰上聲，高達四二·九，何以故？

王季烈螾廬曲談卷三：

「如六凡工六及上一四上之類，……在上聲字，則以六工六及上四上爲正腔，凡及一作頓音。」

上聲字所配的降簇，開頭四音，都是六凡工六（5435）這種形式，只在陰上聲中，有百分之六．七三例外，這正如王季烈所說的以第二音作頓是也，崑腔的北曲中，大行此道。

國語四聲之於降簇，愚意還是依照降腔與四聲的關係處理爲是。

㈢峯簇：以峯腔爲正腔。單就峯腔來說，最宜於平聲，其次是去聲，再次爲上聲；據表一〇一峯簇的百分率的高低，也是如此。不過，峯簇却不同於峯腔，它是峯腔之後再接他腔而成，對於與後字腔關聯的限制放鬆了，於是任何字聲都可配用，所以峯簇的最低百分率（陽上聲）也有一五．四。國語四聲，也是如此。

㈣谷簇：以谷腔爲正腔。本節五谷腔中，曾說明谷腔最宜於上聲；表一〇一谷簇的百分率中，也是上聲最高，正與谷腔的情形一樣。

㈤倒簇：與倒腔的情形一樣。

㈥摺簇：摺簇的字數極少，陽平三字，陰上，陰去和陽去各一字而已。照說：摺簇和摺腔一様，宜於上聲，其次去聲；而擫簇較擫腔爲長，若再得板眼之助，也可用於陽平。國語四聲，却以上、去聲爲宜，陽平應少用。

㈦豁簇：以豁腔爲正腔，最宜於去聲。豁的本身等於升腔，所以也可用於上揚字聲，但豁後的急劇下洩，却是不宜，好在豁簇腔長，所以表一〇一中，陽平的百分率高出上聲許多。陰平的百分率僅略低於陽平，照說陰平不宜於豁，但豁上去的音仍是陰平，並不影響字面，所以可用。不過，配用簇腔的平、上聲，末占百分之九二．九，結又占末的大部分，可見除字聲之外，還與主腔、句、調有關。

1上揚字聲：豁簇的第二音必定高於第一音，似乎大可用於上揚字聲，但必須有別於去聲的用豁。

王季烈螾廬曲談卷三：

「陽平聲或上聲字，在急曲中，宮譜求其簡括，如宜用上尺工尺之處變爲上工，宜用四上尺之處變爲四尺是也。……本爲陽平或上聲字之宮譜，而節去一腔，便似陽去聲之譜，故非不得已時，不宜輕用也。」

上揚字聲用豁，顯然「便似陽去聲之譜」，因爲豁簇的第三音急劇下降，只宜於去聲，與上揚字聲大異其趣，其所以配用，大概是不得已，於是限用於末，限用於結。惟長腔易成平聲，於陽平倒還可用。

2.下抑字聲：豁簇的第三音下降，自宜於下抑字聲，但陰平例外。峯腔與倒腔都宜於陰平，它們的第三音也下降，而這下降是順級的的下降，豁簇則多是越級的下跳，況且大跳多於小跳，降得很驟，與陰平輕微的下抑收音大異其趣，這又是不得已而用之，用於末，用於結，但豁上去的音，却不曾改變了陰平字面。

國語四聲若用豁簇，陰平尚可，去聲却勉强可用。南曲中，去分陰陽：陽去抑中有揚，宜於加豁；陰去是抑中之抑，與豁的上揚不甚相合。北曲去聲，不分陰陽，只要是去聲，便可加豁。國語去聲，陽去絕跡，只存陰去，所以用豁簇，只能說勉强可用。

以上是簇腔的細分情形，可與表一〇二疊腔

表一〇二

疊簇／字數／四聲	升簇	降簇	峯簇	谷簇	倒簇	豁簇
陰平		10	35	3	3	
陽平	3	15	49		2	1
陰上	1	7	5	6	2	
陽上	1			1		
陰去		1	2		1	
陽去		8	5	3	3	

中疊簇的細分情形相與參照，便不言而喻了

表一〇二內，列的是字數，而不是百分率，因爲字數太少，折算成百分率，反把人看糊塗了。

十、擻　腔

照說，擻的符號應該可以加於任何的腔，什麼腔配什麼字聲，好像是腔的事，和擻的符號無關；但表九十五擻腔欄，以平聲的百分率最高，似乎擻腔最宜於平聲。

擻的符號，是代表三個疊音的第一音之下加一個高一度的音，擻中少不了疊的存在，所以擻腔是疊腔的姊妹品。表九十五疊腔欄，百分率最高的是平聲，其次上聲，再次去聲，擻腔欄的百分率，正也是如此。國語四聲在西樂譜中，無法使用擻的符號，須用實音，自也最宜於平聲。

十一、頓　腔

頓腔是上聲的專用腔；但它的開頭二音是降腔，所以下抑字聲也有配用，尤其去聲的百分率比陰平高出許多；崑腔北曲的陽平也用上了（見表九十五）。如果得板眼之助，把頓的氣勢變作降的氣勢，用於其他字聲，也未嘗不可。

國語四聲中：上聲出聲悠長而微降，收音短暫而上挑，正與頓腔相合；去聲必得板眼之助，而後可用；平聲則非所宜，尤其陽平，絕不可用。

十二、豁　腔

葉王二譜中：葉譜的豁用實音，外表上與簇腔無異，所以都歸入簇腔的豁簇；王譜是用符號「ノ」代表豁音，任何的腔，只要加上了豁的符號，便脫胎換骨，成爲豁腔，原有特性，一齊捐棄，臣服於去聲，不敢稍有隕越。

豁腔本只宜於陽去，不宜於陰去，北曲去聲，陰陽不分，只要是去聲，便可用豁，所以表九十五豁腔欄，陰去和陽去的百分率非常接近。

王譜也把豁的符號加於別的字聲，計陰平三字，陽平七字，陰上五字，陽上三字，單就豁的符號而言，應屬不當，不足爲法。

國語四聲在西樂譜中，豁的符號，正同撇的符號一樣，都用不上，只有使用實音了。其情形和豁簇相同。

肆、跳進與字聲

字的四聲陰陽，大半與腔的開頭幾個音的關係較為密切：順級進行的音，顯然要柔和些，在密切的關係之中，仍不妨稍可通融；而越級進行的音，急劇強烈，於四聲陰陽的影響，自較順級進行為甚，所以這裡僅言跳進。

表一〇三是根據複腔開頭兩個音的跳進製成，由其中百分率的高下情形，多少可以看出：

㈠小跳：

1.總百分率：表一〇三小跳總率欄顯示：

(1)上揚字聲的百分率高於下抑字聲。

(2)上揚字聲中百分率最低的陽平，與下抑字聲中百分率最高的陽去相較，非常接近。

表一〇三

百分率／跳進／四聲	小跳			大跳		
	總率	上跳	下跳	總率	上跳	下跳
陰平	10·2	7·72	2·48	0·56	0·37	0·19
陽平	14·1	12·4	1·72	2·51	2·19	0·32
陰上	18·0	13·6	4·37	3·89	3·35	0·54
陽上	21·7	16·6	5·15	5·15	4·33	0·82
陰去	10·0	7·28	2·72	2·87	0·15	2·72
陽去	13·0	10·3	2·69	5·08	2·73	2·35

(3)百分率最高的陽上，與最低的陰去相較，並不高下懸殊太甚。

(4)陰平的百分率並不太低。

由此可見，小跳較宜於上揚字聲，而下抑字聲也可配用。小跳是與順級進行最接近的越級進行，何況是崑腔北曲的小跳，其中上跳的工六（3 5）和四上（6̣ 1），下跳的六工（5 3）和上四（1 6̣），都和順級進行混了血，尤其是工六，簡直是順級進行的後代，它們在腔的開頭兩音作三度跳進之中，百分率占四四·六，幾乎占去一半：所以，崑腔北曲的小跳，和順級進行差不許多，同樣的圓通得很，配上揚字聲，可，配下抑字聲，也可。

2.上跳：百分率的高下情形，和總率相

同，宜於上揚字聲，但也配用於下抑字聲，於去聲作豁，於陰平作二音升腔、越級峯腔和倒腔觀，毫無不宜之處。

3.下跳：自然宜於下抑字聲，而上聲的百分率特高，是因爲把下跳作頓，陽平聲的百分率便低得多了，可見向下的小跳，那一字聲都可配用，獨陽平聲得愼用。

4.國語四聲：都可配用，獨去聲當愼用向上小跳，陽平聲不宜於向下小跳。

(二)大跳：

1.總百分率：表一〇三大跳的總率欄，最低的是陰平，陰去稍高於陽平，陽去稍低於陽上：可見大跳宜於上聲和去聲，平聲宜少用，尤其陰平，是平中之平，吃不消大跳的大開大合。

2.上跳：自是宜於上揚字聲，不宜於下抑字聲。下抑字聲中：陰平和陰去的百分率都很低；但陽去的百分率却又高於陽平，這正是陽去的特性。去聲的抑，是急劇下跌；陽去抑中有揚，宜於加豁，第二音的向上大跳，正是增加豁的分量，而大跳後的必然反跳，又增加急劇下跌的分量，豁得高，跌得重，陽去就是這麼塊料。

3.下跳：自是宜於下抑字聲，不宜於上揚字聲。

(1)下抑字聲：

A.陰平：陰平雖抑，只是收音有輕微的下降，決不是大落，所以向下大跳的百分率，數陰平最低。

B.去聲：去聲的急劇下降，正合於向下大跳的大落，尤其抑中之抑的陰去，更是相宜。

(2)上揚字聲：崑腔北曲雖有純陰的陽平，畢竟是平聲；上聲雖喜頓腔，也不宜頓得太狠：所以向下大跳的百分率中，上揚字聲都很低。

4.國語四聲：向上大跳宜於上揚字聲；向下大跳宜於去聲。

伍、結　論

什麼字聲配什麼唱腔，並非刻舟以求，其間的運用，十分靈活，不過在靈活之中，少不了要有些限制：

(一)陰陽的特性：北曲與國語都是：

1陰聲下抑，先高後低。

2陽聲上揚，先低後高。

(二)四聲的特性：

1.平聲：北曲以平聲最長：

(1)陰平：北曲與國語同，平出而收音微降。

(2)陽平：北曲與國語都是平出高收，而北曲却有平出低收的陽平。

2.上聲：國語以上聲最長；北曲與國語都以上聲最低，二者的特性相同。

(1)陰上：低出高收，上揚的氣勢，比陽平强，比陽上弱。

(2)陽上：低出高收，揚中之揚。

3.去聲：兼具低音高音兩性：

(1)陰去：北曲與國語同，高出而收音急降，爲抑中之抑。

(2)陽去：低出，高起，急降。國語無陽去聲。

(三)行腔：

1.單腔：可用於北曲與國語的任何字聲。

2.升腔：不論北曲與國語，升腔都宜於上揚字聲；若於下抑字聲配用，則以二音爲限，陰平更須於後字腔的首音回至原位。

3.降腔：不論北曲與國語，降腔都宜於下抑字聲；若用於上聲，以二或三音爲限；至於陽平，北曲可而國語不可。

4.峯腔：北曲與國語，都以平聲最宜於峯腔，上聲最不相宜。

5.谷腔：最合於北曲與國語的上聲，其次為下抑字聲，最不合的是陽平。

6.倒腔：北曲與國語，都只宜於平聲；北曲的陽去，可以配用。

7.摺腔：與谷腔的情形相同。

8.疊腔：未與他腔相接的疊音，最宜於平聲；若與他腔相接，則以所接之腔為準，尤其是接在疊音之前的腔。

9.簇腔：前三音是什麼腔，便以什麼腔為準。

10.擻腔：北曲宜於平聲；國語四聲若用擻腔，必用實音，也只宜於平聲。

11.頓腔：北曲與國語：都只宜於上聲，去聲勉强可用。

12.豁腔：北曲限用於去聲；國語四聲只存陰去，不豁為宜。

(四)跳進：腔的首二音的跳進，有小跳與大跳：

1.小跳：北曲可用於任何字聲；國語四聲亦然，但去聲愼用向上小跳，陽平禁用向下小跳。

2.大跳：北曲與國語，都宜於上聲與去聲，國語去聲，只宜向下大跳；平聲最不可用大跳。

第四節 板眼

王季烈螾廬曲談卷三：

「板以節字與句，眼以節字與腔。」

板與眼的作用，便在這個「節」字上。

音樂是時間的藝術，把不斷變動的樂音，繼續地傳入人們的耳裡。音樂的進行，非板眼無以爲「節」；但也有沒有加註板眼的樂曲，仍然把樂音繼續地進行與傳送。西樂中，也曾有不用固定節奏的樂曲，像平歌八調；中樂裡，更數見不鮮，像國劇中的引子、倒板、搖板和散板，儘管板子或鞭鼓在緊打，歌者却置之不理，嘴裡依然慢唱，尤其崑腔的散板曲，連緊打都被開除了，純是沒有板眼的樂曲。不過，這僅是少數，大部分的樂曲進行，仍要賴板眼以爲「節」，這些樂曲，便是實板曲。

壹、板眼的符號

一、種類

㈠板：

1.正板：這是曲調裡固定的板：南曲固定得死死的，萬不可動；北曲遇襯字過多處，或增或移，倒可稍作通融。

(1)頭板：亦稱「迎頭板」，符號為「、」。

(2)腰板：亦稱「掣板」，符號為「ㄴ」。

(3)截板：亦稱「底板」，符號為「一」。

2.贈板：這是額外增加的板，使一板變為二板，時間加長了一倍（註）。

(1)頭贈板：符號為「×」。

(2)腰贈板：符號為「Ⅸ」。

(二)眼：

1中眼：

(1)正眼：符號爲「。」。

(2)腰眼：符號爲「△」。

2頭末眼：亦稱「小眼」。

(1)正眼：符號爲「・」。

(2)側眼：符號爲「ㄴ」。

乍看之下，板眼的符號，似嫌重複，增加無謂的麻煩，沒有西樂符號那樣的單純乾脆。西樂的符號，都屬專任，自然乾脆；板眼的符號，却是身兼數職，勢非繁複不可。

二、作用

(一)音符：五線譜音符的能耐大，既表示音的長短，又表示音的高低。工尺譜的板眼，和簡譜的音符一樣，都只能表示音的長短，却不能兼示音的高低。表示的方式，中西正好相反：西樂的音符越繁，音時越短；中樂的板眼，越繁則表示音時越長。譜例二1配佳字的乙，

譜例三

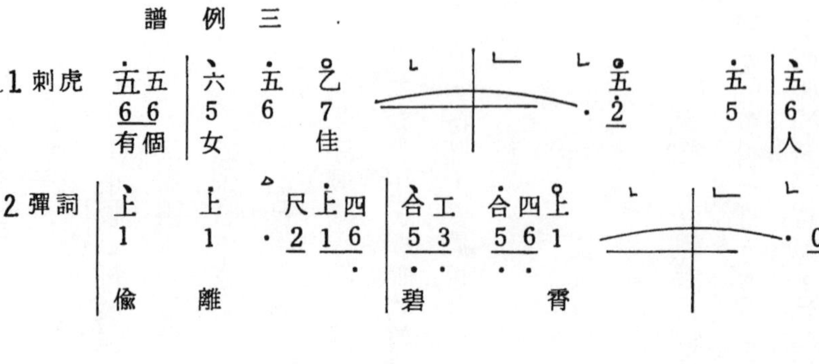

和2配霄字的上，都有四個符號，音時一長六拍，一長三拍半；1的開頭「有個」二字配的五五，只點一個末眼，每個五字便只占半拍，如果四個工尺只有一個符號，每個工尺便只占四分之一拍，等於十六分音符。

㈡延音線：板眼繁處，常代表了延音線，如譜例三1中「佳」字的乙和2中「霄」字的上。

㈢附點：凡點腰板、腰眼或側眼處，常有附點的作用。譜例三2中，「離」字首音上字，點頭眼與腰眼，占一拍半，下面的尺字占半拍，上字的一拍半中，便有附點在。1中「佳」字首音乙字，和2中「霄」字所配的上字，各占三拍半，也都有附點在。

㈣休止符：也都在腰板、腰眼或側眼處，它們後面若有工尺，那些工尺便占半拍，若沒有工尺，這半拍多半作爲休止。2中「霄」字最後，便有半拍休止。

㈤小節線：板也代表了小節線，一板就是一小節。

㈥拍子：三眼板卽四分之四拍子；一眼板卽四分之二拍子；只點頭板的急曲，卽二分之二拍子；加了贈板，卽四分之八拍子，贈板曲雖也是一板三眼，但尺寸比三眼板慢，不能算作四分之四拍子。贈板本爲南曲所專有，而葉、王二譜的北曲中，竟有三調點贈板：

1.二犯江兒水：見浣紗記歌舞折，二支都用贈板。

吳梅南北詞簡譜謂二犯江兒水調：

「有贈。此曲倒用二支，實是南曲，自紅拂記唱作北調，於是有謂此非南詞者，眞大誤也！」

本是南曲，當然可以用贈板。

2.折桂令：葉、王二譜中的折桂令，凡二十，只有荊釵記男祭折和玉簪記佛會折的折桂令點贈板。折桂令是道地的北曲。

3.新水令：這不但是道地的北曲，而且都用作散板曲，只有王譜西遊記思春折用作實板曲，葉譜更作贈板曲，極爲少見。

按：男祭是祭亡妻而悲愴欲絕；佛會是見美色而迷醉如癡；思春是入花叢而花貌爭妍：都有纏綿繚繞之緻，改用贈板，把四分之四拍子變爲四分之八拍子，尺寸放慢，倒與劇情相合。所以，若能把贈板作爲「拍子」觀，雖是北曲，用亦何妨？

貳、板眼與腔

王季烈螾廬曲談卷三：

「板以節字與句，眼以節字與腔；但板式有定譜，而眼之布置，初無定格，然點眼之理，與點板之法，初無二致，務使腔格之長短停勻，唱者無過搶過頓之弊耳。眼有中眼、頭末眼之別。點眼時，須先定中眼所在，然後再點頭末眼。……如第一第五字點頭板之五字句，則其第一中眼，必點在第三字之頭，此卽五字句往往點頭板之處。」

何處點板，板有定譜，腔可作不了主；何處點眼，眼憑句字，腔也當不了家：這好像板眼與腔之間，毫無關係！如果不管是板也罷，是眼也好，只要有一個符號，便算作一拍，這拍數的多寡，便和腔大大的有關了。王季烈謂「眼以節字與腔」者，便在這拍數上。

表一〇四是根據腔的音數和所點板眼的拍數製成，可以看出：

㈠腔的音數，最多至十二音，九音以上的，都用得極少，總百分率都不到千分之一。

㈡腔的拍數，最多至八拍半，六拍半以上的，也都極少用，數僅十一，還不到總數的千分之一。

表一〇四

音數 百分率 拍數	一	二	三	四	五	六	七	八	九	十	十一	十二
1/4	0.20											
1/2	39.4	12.9	0.55	0.06								
1	48.8	55.9	31.8	15.5	1.59	0.41						
1 1/2	10.7	4.10	11.2	4.06	2.25	3.72						
2		24.5	47.9	66.0	75.5	38.4	30.9	13.9				
2 1/2	0.60	0.90	3.02	0.85	0.40							
3		0.30	3.02	7.45	7.98	27.7	34.5	27.7	7.10	33.3		
3 1/2	0.30	0.70	1.00	0.85	0.40	2.90	1.81	2.80				
4		0.50	0.96	3.63	7.92	21.5	15.5	38.8	71.4	58.3		100
4 1/2	0.02	0.20	0.37	0.73	0.80	0.83	4.60					
5			0.05	0.06	1.20	0.83	0.90					
5 1/2	0.02		0.14	0.18	0.14	1.69			7.10			
6				0.54		1.20	9.10	11.1	7.10		100	
6 1/2		0.03										
7							0.90					
7 1/2							0.90					
8						0.83		2.80				
8 1/2							0.90	2.80	7.10	8.30		
總率	39.3	32.9	12.1	9.17	4.20	1.34	0.61	0.20	0.08	0.06	0.006	0.011

拍數	百分率
1/8	1·25
1/4	22·3
1/2	56.0
1	12.8
1 1/2	4.29
2	2.70
2 1/2	0.12
3	0.05
3 1/2	0.55
4	0.03
5 1/2	0.004

表一〇五

㈢音數增加，拍數也增加，但它們並不成正比，這才顯得參差有緻。

㈣如果以一音為單位去計算拍數，得表一〇五，以它和西樂音符的種類相比，少了六十四分音符一種。其中百分率最高的，是八分音符，占百分之五十六。

參、板眼與四聲

一、四聲短長

四聲各有短長。崑腔四聲中，徐大椿說是平聲最長；而王季烈螾廬曲談卻說：

「凡陽平、陽去聲字之第一腔，皆不宜長，故祇點一眼；陰平及上聲字之第一腔，大抵延長，可點二眼，或延長至一板三眼；陰去聲字之第一腔，則長短適中，可點一眼或二眼。」

四聲中，除陰平好像只有一個音符—第二音符很輕微—外，其餘三聲，都有兩個顯著的音符；第一音符的長短，也表現了字聲的長短，也就是王季烈所說的首音的長短；所以崑腔的四聲中，以陰平和上聲最長，陰去適中，陽平和陽去最短，但這只限於板密的慢曲，有足夠的音時，方得以伸四聲的長短，板疏之處，音時短暫，四聲便不能對它們的長短自作主張了。

國語四聲中，最長的是上聲：平聲適中，而陽平較陰平爲短，最短的是去聲。國語歌曲，沒有板疏板密的限制，大可依四聲的長短而爲譜，絕不會像崑腔那樣，有時讓四聲在長短上受了莫大的委屈。

二、助腔諧字

板眼能幫不當行腔的一點小忙，使它們不當的程度減輕些。板眼所構成或明或暗的休止

譜例四

1.	劉唐	一四一 7167 度 今	尺四合 0265	四 6 宵
2.	佛會	五 六凡 工 6·054 3 形	六 5·0 骸	
3.	雲陽	工 合 工 3 5 3 斬 首	尺上一 0217 如	四 6 麻
4.	借扇	上 尺 上 1 2 1 覷 見	一四合 765 我	
5.	驚變	六·凡 五 55 4 6 低	工六工 353 唱	
6.	花婆	尺上 尺工 21 0 23 新月	合 尺工 5 23 微 微	

，把不當行腔的正腔和附腔明白地分開，庶休止之前的正腔能與字聲相合，休止之後的附腔，便管不了許多，任之可也。玆依四聲陰陽例舉於譜例四：

㈠陰平：1的「今」字，配谿簇一尺四合，不當，所以一（7·）字之後作半拍休止，使一

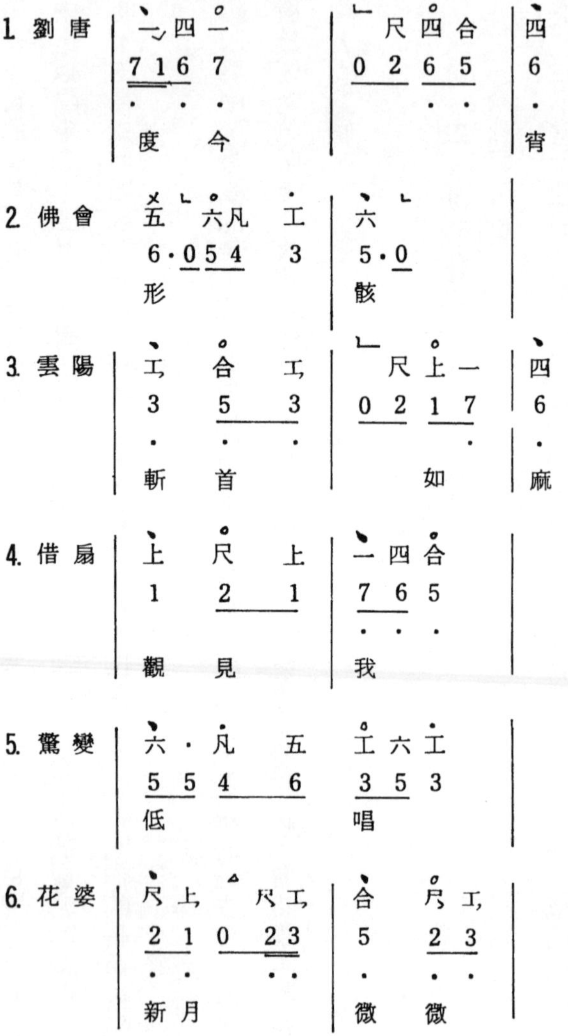

（7·）字成爲單腔。

㈡陽平：2.的「形」字，配五音降腔，不當，所以五（6）字一拍半之後作半拍休止，使五（6）字成爲單腔。

㈢陰上：3.的「首」字，配用合工尺，這是頓腔，本合於陰上，而工至尺爲七度大跳，跳得太大了，好像有點接不上氣，索性在工（3·）字後加半拍休止，乾脆斷了氣，讓尺（2）字連到下面的上一四去。

㈣陽上：4.的「我」字，配三音降腔，不當，所以把一四併爲一拍，來一次暗的休止，造成頓的氣氛。

㈤陰去：5.的「唱」字，配用峯腔，工六爲一拍，若唱六（5）字只占四分之一拍，就可造成豁的氣氛。

㈥陽去：6.的「月」字，配三音升腔。在南曲，「月」字陽入聲，正合升腔；但在北曲，「月」字派入陽去聲，用二音升腔則可，用三音升腔便不大合適了。所以在上（1·）字後加半拍休止，使尺工連到下面合字去。

話雖如此，但板眼所能補救的，只是不當行腔的一部分，另外的部分，板眼也只有乾瞪眼。

國語歌曲作曲時，事先可避免不當的行腔，用不着節拍去補救；不過，故意的不當，也許會有意外的效果。

肆、結　論

(一)中樂的板眼，即是西樂的節拍，但也兼代了一些音值的符號。
(二)腔的音數：一至十二音。
(三)腔的拍數：八分之一拍至五又二分之一拍。
(四)腔的音數與拍數，並不恰成正比。
(五)崑腔北曲中，不用六十四分音符。
(六)崑腔北曲的四聲，以陰平和上聲最長，陰去次之，陽平和陽去最短。
(七)國語四聲中，上聲最長，陰平次之，陽平居三，去聲居末。
(八)板眼或明或暗的休止，能使不當行腔的正、附分明，減輕不當的程度。
(九)板眼本身，自有強弱，那是受句法所支配，與腔無涉。

第五節　腔的聯絡

壹、前　言

「前言」者，前人之言也。前人曾論及腔的聯絡，玆摘錄如下：

㈠明沈寵綏度曲須知絃律存亡：

「欲以作者之平仄陰陽，叶彈者之抑揚高下，則高徵須配去聲字眼，平亦間用，至上聲固枘鑿不投者也。低徵宜配上聲字眼，平亦間用，至去聲又枘鑿不投者也。且平聲中仍有涇渭，陽平則徵必微低乃叶，陰平則徵必微高乃應，倘陰陽姧用，將陽唱陰而陰唱陽，上去錯排，必去肖上而上肖去，以故作者歌者，兢兢共稟三尺，而口必應手，詞必諧絃。」

沈寵綏的話，雖只說明四聲陰陽各有高低，但這正是前後字腔聯絡的依據。

㈡王季烈螾廬曲談卷三：

「凡平聲字相連之處，其宮譜不宜驟高驟低，蓋平聲字之音節，以和平爲主，雖有陰陽之區別，其腔之高低相差，亦不過一級而止。若去聲字之腔，則不妨驟然揭高；上聲字之腔，則往往驟然落下。去聲驟高之處，如上與六或五，合與上或尺，其音雖隔數級，而連用之仍能諧協，若四與工，則連用之處絕少，而尺與五，尤不能相連，故曲譜中絕不見之。上聲驟低之處，如六與尺或上，尺與四或合，上與合或工，皆可連絡。凡歌者自高而低易，自低自高難：故去、上相連之字，驟用低腔，爲曲譜中常見之事；而上、去相連之字，驟用高腔，則較爲少見，然在發調之處，則非用高腔，音調不合，祇須連絡得宜，亦不價於歌喉也。」

王季烈的話，已說出前後字腔的聯絡與字聲的關係，以及四至六度佳良的大跳；不過，仍嫌語焉不詳。

㈢楊蔭瀏中國音樂史綱：

「1.一字配一音時，本字無音調之進行，祇有前後字相對之音調關係。」

2.一字配多音，注意前字末音與後字首音間，相對之高低關係。

3.重拍長音處應注意，輕拍急過之襯字，可略隨便。

4.前句末字，可與後句首字，脫離高低關係。

5.兩字相連有下列各種關係：

陰平與陰平相連：同度。　高低一二度。

陰平與陽平相連：略低或同度。

陰平與上聲相連：略低或大低。

陰平與去聲相連：略高或大高。　崑腔陽去首音，高低或同度均可。

陽平與陰平相連：同度。　略高或上跳。

陽平與陽平相連：同度。　略高或上跳。

陽平與上聲相連：略低或大低。

陽平與去聲相連：略高或大高。　崑腔陽去首音，高低或同度均可。

上聲與陰平相連：隨前字上聲腔上行或上跳。

上聲與陽平相連：隨前字上聲腔上行或上跳。

上聲與上聲相連：隨前字上聲腔上行或上跳。　下降後重新上行。

上聲與去聲相連：略高或大高。　反前字上聲腔方向而下行。　崑腔陽去聲首音高低均可。

去聲與陰平相連：隨前字去聲腔下行或下跳。

去聲與陽平相連：隨前字去聲腔下行或下跳。

去聲與上聲相連：反前字去聲腔方向而上行。

去聲與去聲相連：隨前字去聲腔下行或下跳。上行後重新下行。崑腔陽去聲後之去聲，有時上跳。」

楊蔭瀏的話，既詳實，又科學，可惜的是，南北曲不分。崑腔北曲雖是南曲的北曲，究竟不是南曲，在譜法上，南北仍有許多不同之處，不宜籠統言之。

貳、例言

「例言」者，例外之言也。這世界上，例外永在；崑腔也不例外，自然有例外在，今請言之：

㈠休止：前後字之間有了休止，它們的關係便被冲淡，甚至於斷絕。關係淡了，或者斷了，後字便不被前字所牽制，因而可以超出規矩，形成了例外。崑腔的休止，有明有暗，明的一看便知，暗的却要度曲者自已捉摸。

1斷：這是指上句末字與下句首字之間的關係：在慢曲，這關係大多是斷絕的；而急曲却藕斷絲連，有時少不得要受點牽制。

王季烈螾廬曲談卷三：

「凡曲中一句起訖之處，唱時必須顧全文理，略爲頓斷，故此等處宮譜正不必聯絡。」

所謂「不必聯絡」，却得看情形，並不是全部都不必聯絡。本節壹前言中所引楊蔭瀏中國音樂史綱的話，謂「前言末字，可與後句首字，脫離高低關係。」所謂可以脫離，當然也包含了可以不脫離。譜例五所列，都是上句末字與下句首字所構成的斷；1中「乂」字陰平聲，末音工（3）有半拍明的休止，於是前後字的關聯斷絕，陽平聲的「閒」字首音爲六（5），應降反升，不受前字的牽制；2中「調」字陽平聲，它雖也有暗的休止，但不到四分之一拍，與陰上聲的「轉」字藕斷絲連，只好應降便降，從上（1）跳到四（6̣）。不過，斷的或明或暗的休止，大部分都脫離了前後字的高低關係。

2間：這是句中文理略作停頓之處，前後字的關係顯得很淡薄，無妨也例外例外。譜例六中，四個字的第二、三兩字便是間：1中「臺」字陽平聲，有半拍明的休止，與陽去聲的「歷」字脫離關係，應降反升；2中「氛」字陰平聲，至少有四分之一拍暗的休止，

譜例五

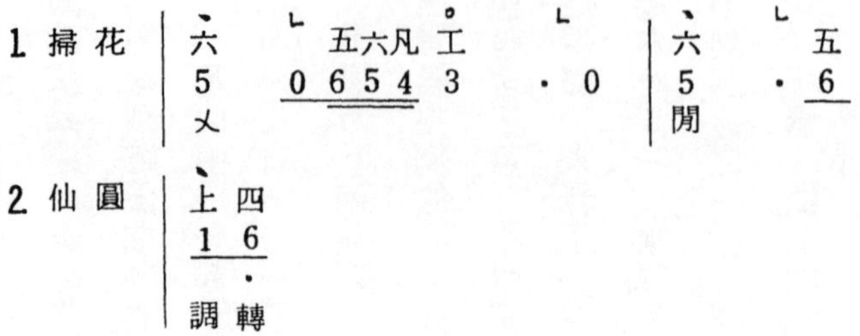

1. 掃花	六 五六凡工	六 五	
	5 0654 3 ·0	5 ·6	
	乂	閒	
2. 仙圓	上 四		
	1 6·		
	調 轉		

譜例六

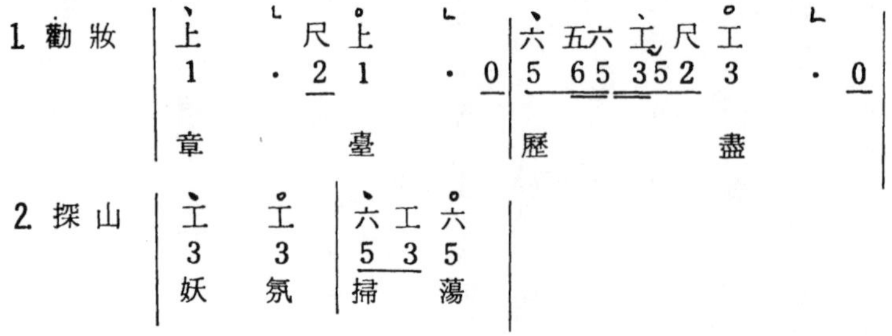

1. 勸妝	上 尺 上	六 五六 工 尺 工	
	1 ·2 1 ·0	5 65 352 3 ·0	
	章 臺	歷 盡	
2. 採山	工 工	六 工 六	
	3 3	5 3 5	
	妖 氛	掃 蕩	

所以陰上聲的「掃」字不降反升。

3.結：這是一個牌子末句的最後二字，也就是末句的一種，不論是連末或間末的結，前字腔的末音都要漸慢，而且稍作停頓，於是與後字脫離了高低的關係；但這有個條件，後字必配單腔方可，若用複腔，這關係便脫離不了。

另有不結而結與結而不結的情形：一調中的某句之下，若有說白，這某句的末便算做結；如果二個調子連唱，前面調子的結，便不能算做結，只

譜例七

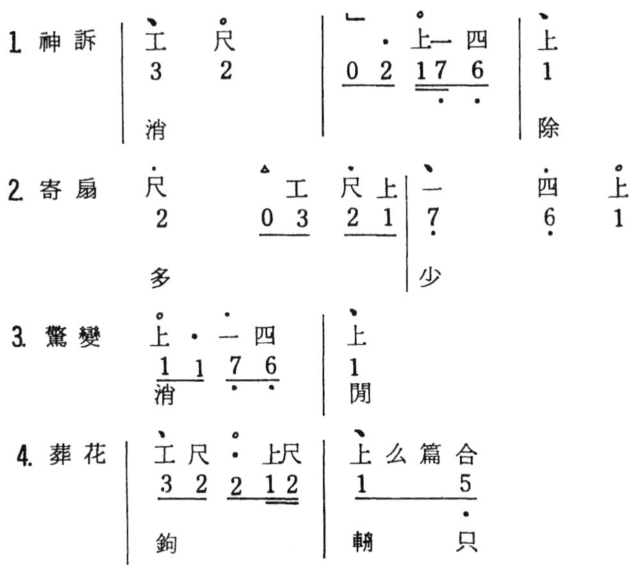

1. 神訴
工　尺	」 ．上一　四	上
3　2	0 2 17 6	1
消		除

2. 寄扇
尺　　工　尺　上	一　　四　上
2　　0 3　2 1	7　　6　1
多	少

3. 驚變
上 ．一　四	上
1 1　7 6	1
消	閒

4. 葬花
工　尺 ．上尺	上　么篇　合
3 2　2 12	1　5
鉤	軥　只

能視之爲末，而且後面的斷，有時想斷也斷不了。

譜例七中：1是結，可以例外，陰平聲「消」字的末音爲四（$\underset{\cdot}{6}$），陽平聲「除」字配單腔上（1），應降反升；2也是結，但陰上聲的「少」字用頓腔不用單腔，這就例外不了，得照規矩，所以陰平聲「多」字的末音上（1），高於「少」字的首音一（$\underset{\cdot}{7}$），應降則降。3是末，但下有說白，末成爲結，其情形與1同；4是結，但與前調的么篇連唱，結成爲末，也得照規矩，所以陰平聲「鉤」字的末音尺（2），便高於陰平聲「軥」字的單腔上（1），應降則降。不止此也，連么篇首字陰上聲的「只」，受了牽連，仍得照規矩下降，斷而不斷。

4.末：這是句子的最後二字，由於文理和句字的字數，致使末有連末和間末之分：間末實同於間，可以例外；連末則同於連，得按規矩，但也有不少的例外，其中之一，便是明暗的休止。不過，單就譜而言，有時使句末的三字團連間倒置。

譜例八中：1是間末，陽去聲「士」字末音四（6̣）低於陰上聲「請」字的單腔上（1），應降反升。2是連末，陰平聲「雕」字的末音六（5）有半拍明的休止，陰平聲「鞍」字的單腔五（6）便可應降反升了。3.也是連末，陽去聲「就」字的末音工（3）有四分之一拍暗的休止，所以陽上聲「裡」字首音反上跳至六（5）。4.是句末的三字團，「賊施」是間，「施計」是連末，但就譜而言，「賊施」連唱，「施」字的單腔六（5）至少有四分之一拍暗的休止，於是「計」字的首音用五（6），應降反升。

5.連：這是句中關係最密切的字，不能含糊，但少不了一些例外，明暗的休止，便是其中之一。譜例九中：1是明的休止，陽平聲「喉」字在陰平聲「番」字之後，應降，但「番」字有半拍明的休止，「喉」字的首音伬（2̇）不降反升；2是暗的休止，也是陰平在前，陽平在後，後字原應降。歌舞折用尺字調，揭高至仕（i̇），仍很吃力，所以「灯」字須有四分之一拍暗的休止來換氣，於是「前」字不降反可升。

譜例八

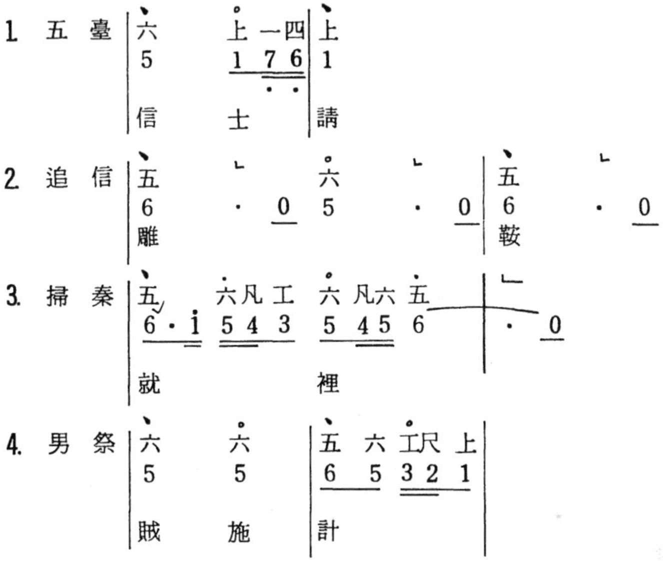

1. 五臺 | 六 上 一四 | 上
5 1 7 6 | 1
信 士 | 請

2. 追信 | 五 六 | 五
6 · 0 5 · 0 | 6 · 0
雕 | 鞍

3. 掃秦 | 五 六凡工 六 凡六 五 |
6 · i 5 4 3 5 4 5 6 | · 0
就 裡

4. 男祭 | 六 六 | 五 六 工尺 上 |
5 5 | 6 5 3 2 1 |
賊 施 | 計 |

譜例九

1. 歌舞 | 仩 伬· 伬 仜伬 仩 乙
i · 0 2 2 3 2 i 7
番 喉

2. 歌舞 | 仩 伬仜伬 仩
i 2 3 2 i 7
燈 前

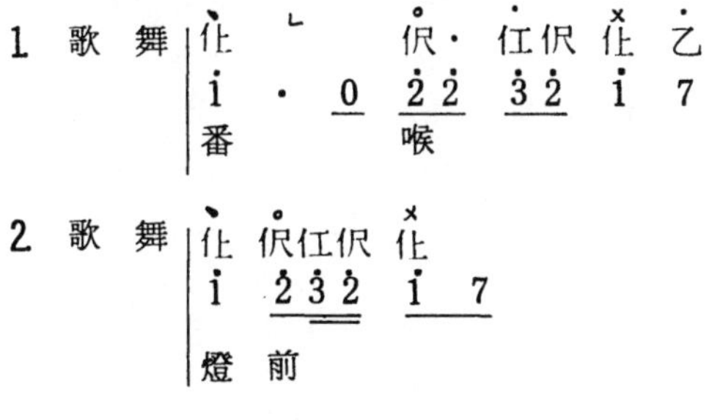

表一〇六

字數 腔 \ 關係			連	間	末	斷
峯		升	3		1	1
腔		降	49	32	88	4
倒		升	1			1
腔		降	166	34	50	
疊	疊	升	20	8	13	1
	升	降	1			1
	疊	升	2	1	3	
腔	降	降	38	32	73	4
簇	升	升		7		2
	降	降	32	32	64	3
	峯	升	3	3	5	8
腔	降	降	112	102	148	7
單		升	1	1	2	
豁		降	129	57	29	2

㈡腔：崑腔裡的一些腔，猶如冬烘夫子般頑固，說要上升，便得上升，說要下降，便得下降，把後字的四聲陰陽一脚踢出八丈遠。表一〇六所列的腔，便是些冬烘夫子：前字配疊升，後字都升，配其餘的腔，後字都降；不應降而降和不應升而升的字數都很少，就連，間和末來算，橫算也好，直算也好，升降的比值都沒有超過百分之六。惟有斷，便連這些冬烘

譜例十

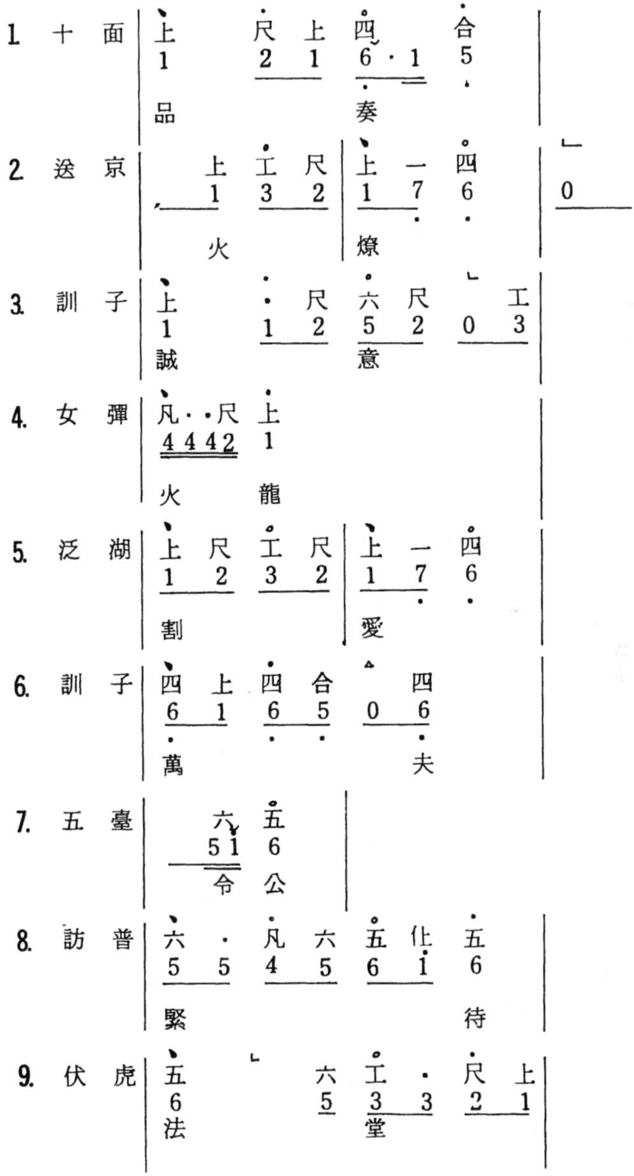

	曲牌	工尺	簡譜	字
1.	十面	上　尺 上 四 合	1　2 1 6·1 5	品　奏
2.	送京	上 工 尺 | 上 一 四 | ∟	1 3 2 | 1 7 6 | 0	火　燎
3.	訓子	上　· 尺 六 尺 ∟ 工	1　1 2 5 2 0 3	誠　意
4.	女彈	凡··尺 上	4442 1	火　龍
5.	泛湖	上 尺 工 尺 | 上 一 四	1 2 3 2 | 1 7 6	割　愛
6.	訓子	四 上 四 合 ∆ 四	6 1 6 5 0 6	萬　夫
7.	五臺	六 五	51 6	令　公
8.	訪普	六 · 凡 六 五 仩 五	5 5 4 5 6 1 6	緊　待
9.	伏虎	五 ∟ 六 工 · 尺 上	6　5 3 3 2 1	法　堂

夫子也拿它沒有辦法，斷是崑腔中絕對自由的地方。

譜例十內：1是峯腔配陰上「品」字，「奏」字陰去，應升反降；2是倒腔配陰上「火」字，「燎」字陽平，應升反降；3是疊升配陽平「誠」字，「意」字陰去，這在南曲，後字當升，而北曲應降，雖也可升，但這裡竟上跳了四度；4是疊降配陰上「火」字，「龍」字陽平，應升而降；5是簇腔的升降配陰上「割」字，「愛」字陰去，應升而降；6是簇腔的峯降配陽去「萬」字，「夫」字陰平，應升，這裡也升了，但峯降只降不升，所以二字之間加上個腰眼，有了半拍明的休止，讓前後的關係脫離，形成了例外中的例外；7是單腔配陽去「令」字，「公」字陰平，應升，若配「令」字的六（5）不加豁，則從六到「公」字的五（6）是升，但「令」字的六加了豁，便成六乙（5 7）或六仩（5 i），後字的五便下降了，單腔加豁，豁音不但高於本音，也高於後字的首音，本來是上升的，加豁後便下降了。

還有：一個字配用了長腔，任何字聲都會成爲陰平，因而乾脆當作陰平處理。譜例十的8是疊降升，配陰上聲的「緊」字，除了首音仍保持陰上聲外，以後便成爲陰平聲，所以陽去聲的「待」字，應升反降。

又，王季烈螾廬曲談卷一：

「凡疊之前，宜稍斷，以資透氣，且使另起之腔與前腔不相混，而益覺動聽。」

疊音之前的稍斷，便是休止。譜例十的9.，陽平聲的「堂」字是以疊音起，陰上聲「法」字的末音六（5）之後，便要加以四分之一拍的休止，所以後字應升反可下降。

㈢回原位：這是把後字腔的首音回至前字腔的首音原位上，也可以回至前字腔的倒數第二音或第三音的原位上；若是句末的三字團，末字腔的首音，可回至首字腔的首音上。在回原位的情形下，便可不依前後字四聲陰陽的關聯，構成所能允許的例外。

譜例十一中：1.的「揷」字陰上聲，「珠」字陰平聲，二字的首音都是上（1），這便是回原位，應升反可降。2.至7.的前字都是陰平聲，後字不論任何字聲，首音都要低於前字末音，應降；但2.至4.是後字首音回至前字首音原位，5.和6.則回至倒數第二音，7.則回至倒數第三音，於是反可上升。8.和9.的次字都是陰平聲，末字都應下降，但它們的首音都回至首字的首音上，於是也可上升了。

㈣解決：西樂中的動音解決，在該斯丘曲調作法裡說：

「第七度自然地上行，常上行一度進入第八度。

「如果第七度前面有一第八度，則第七度就被迫向下進行。

「第四度自然地下行，常進入第三度。」

譜例十一

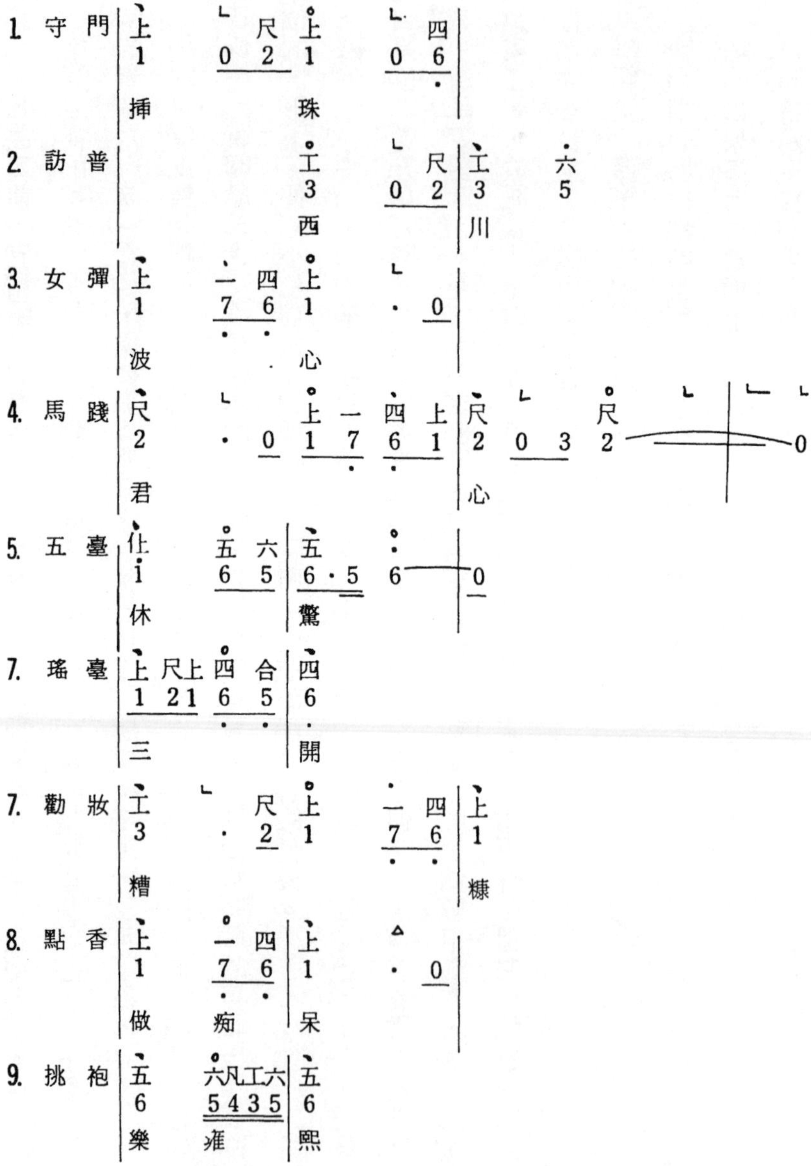

1. 守門 | 上 尺 上 四 | 1 0 2 1 0 6 | 插 珠 |

2. 訪普 | 工 尺 | 工 六 | 3 0 2 | 3 5 | 西 | 川

3. 女彈 | 上 一 四 上 | 1 7 6 1 · 0 | 波 心 |

4. 馬踐 | 尺 上 一 四 上 | 尺 尺 | 2 · 0 1 7 6 1 | 2 0 3 2 — | 0 | 君 | 心

5. 五臺 | 仩 五 六 | 五 | 1 6 5 | 6·5 6 — | 0 | 休 | 驚 |

7. 瑤臺 | 上 尺上 四 合 | 四 | 1 21 6 5 | 6 | 三 | 開

7. 勸妝 | 工 尺 上 一 四 | 上 | 3 · 2 1 7 6 | 1 | 糟 | 糠

8. 點香 | 上 一 四 | 上 | 1 7 6 | 1 · 0 | 做 痴 | 呆 |

9. 挑袍 | 五 六凡工六 | 五 | 6 5435 | 6 | 樂 雍 | 熙

崑腔裡恰也有上述情形。譜例十二中，前字都是陰上聲（昔字入作陰上），後字都是陽平聲（「穴」字入作陽平），按律後字應升。但1的一（7̣）—第七度的上方有上（1）—第八度，便被迫向下進行至四（6̣）；2的凡（4）—第四度應解決於工（3）—第三度，何況凡的上方還壓蓋着一個六（5）：於是它們便都下降。崑腔裡的上一四（1 7̣ 6̣）和六凡工（5 4 3），簡直如膠似漆，如糖似蜜，誰也拆散它們不了，區區四聲陰陽，又算是那顆葱！

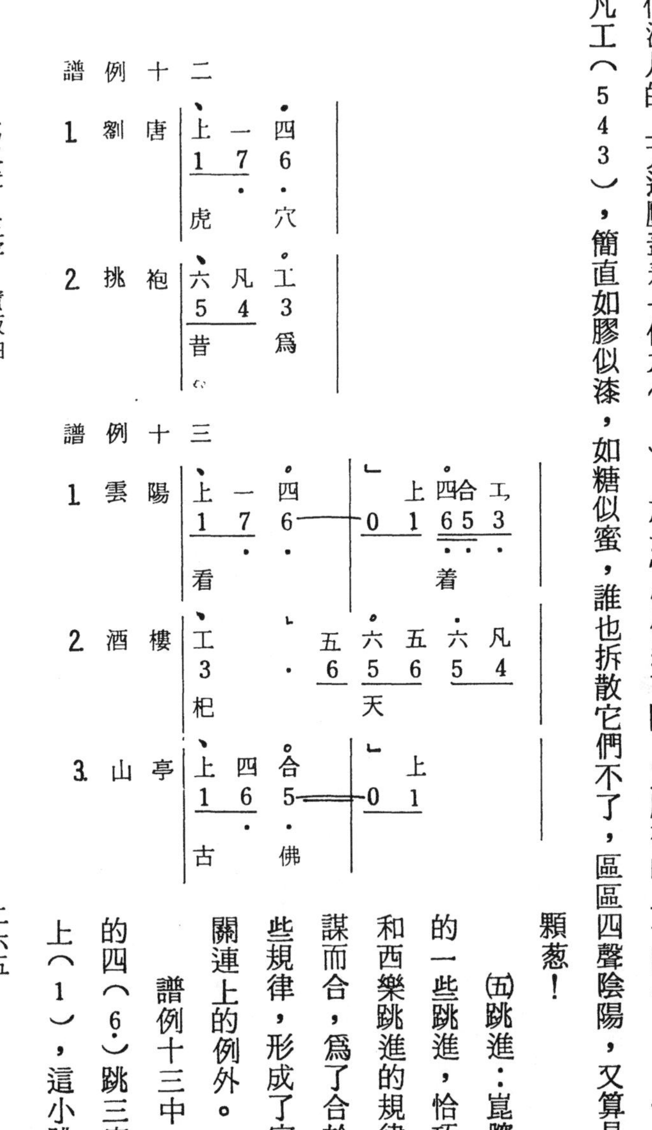

(五)跳進：崑腔裡的一些跳進，恰巧也和西樂跳進的規律不謀而合，爲了合於這些規律，形成了字聲關連上的例外。

譜例十三中：1的四（6̣）跳三度至上（1），這小跳沒有向解決的方向進行，所以立卽跳回本音四（6̣），使在陰去聲「看」字之後的陽平聲「着」字（入作陽平）應升反降；2的「杷」字陰上聲，配工五（36），是四度的大跳，而且是從與解決的方向相反而跳入動音五（6），而五（6）又解決於六（5），所以陰平聲的「天」字應升反降；3.的陰上聲「古」字，配上四（16̣），這是與解決方向相同而跳入動音四（6̣），爲了先求解決，不求反行，致陽平聲的「佛」字（入作陽平）應升反降，然後於次拍上再作反跳，由合（5̣）向上跳四度至上字（1）：易繫辭云：「天下同歸而殊塗，一致而百慮」，此其然乎？

㈥强拍：依正規節奏，點板之處，應該是强拍，因爲它是小節中的第一拍。是連的二字團，百分之九十左右在前字點板；若是末，則有百分之七十以上在後字點板，這就影響了字聲規律而出現了例外。

譜例十四：1的「懵」字陽平聲，「懂」字陰上聲，應降，而「懂」字在板，占一拍，在它之前的末眼，本是弱拍，何況用的又是十六分音符，所以「懂」字不降反升；2的「利害」都是陽去聲，下字應降，但它不止點板，而是點了三板之多，包含二個切分音，連休止在內，音時長達九拍，這麼强的一個字，不升何待？

㈦弱字團：沾上了個「弱」字，准是一張老是吃虧的八字；字團也是如此，弱字團遇上

譜　例　十　四

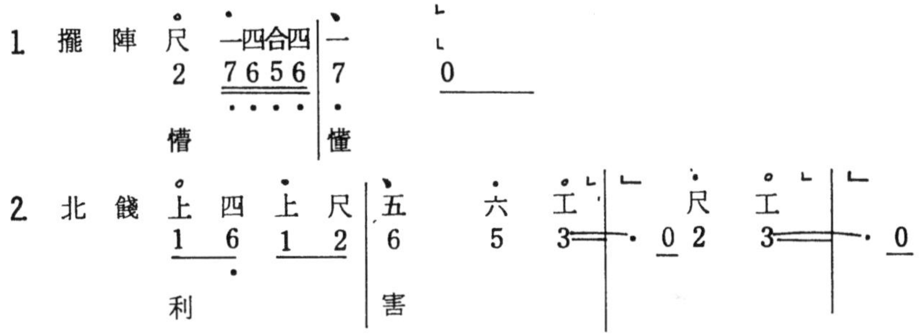

1. 擺　陣　尺　一四合四　一　0
　　　　　2　7656　7　0
　　　　　懵　　　　懂

2. 北　餞　上 四 上 尺　五　六 工　尺 工
　　　　　1 6 1 2　6　5 3 ·0　2 3 ·0
　　　　　利　　　　害

譜　例　十　五

祭　姬　工 六　五 仩　五 六 工 尺 上 尺　上 一 四
　　　　3 5　6 i　6 5 3 2 1 2　1 7 6
　　　　澆 向　黃　　　　泉　　　道

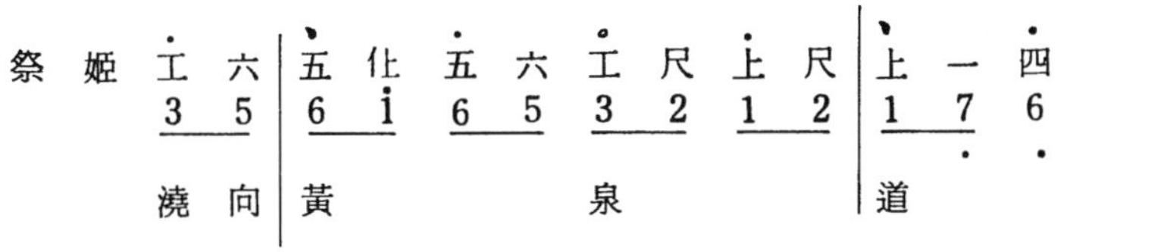

了强字團，總得讓着點兒！譜例十五中，弱字團「澆向」，得將就强字團「黃泉道」，因而在陰平聲「澆」字之下的陰去聲「向」字，應降反升，去湊「黃」字。

(八)收音與五音四呼：收音是前字的尾，五音和四呼是後字的頭，由尾到頭的過程，大部分都很順當，可是有的却難免有點別扭。凡是有別扭的，很容易讓字聲走了樣，也就是前字和後字之間會多出一個很輕微的音來；若想消去這個多出來的音，惟一的辦法，是在前字收音之後，立刻將氣切斷，也就是在前字加以短暫的休止，這休止便使前後字的關連構成例外。

1. 收音與四呼：

(1)侵尋、監咸、纖廉與開口、齊

譜例十六

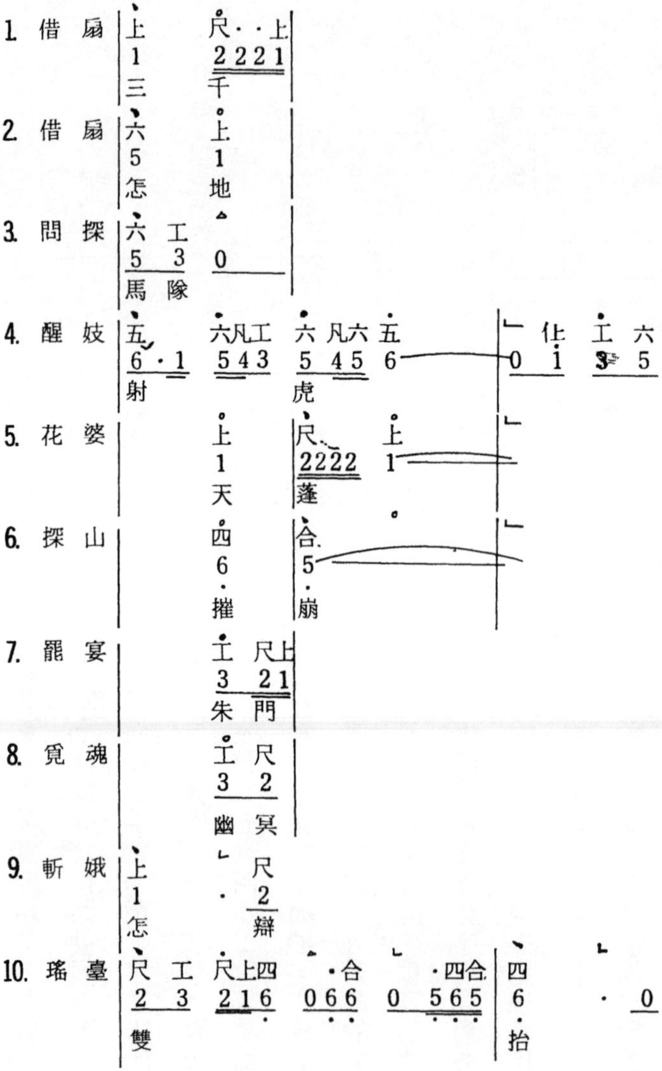

	曲名	工尺	簡譜	字
1.	借扇	上 尺··上	1 2221	三 千
2.	借扇	六 上	5 1	怎 地
3.	問探	六 工	5 3 0	馬 隊
4.	醒妓	五 六凡工 六 凡六 五 ∟ 仩 工 六	6·1 543 5 45 6 0 1 3 5	射 虎
5.	花婆	上 尺 上 ∟	1 2222 1	天 蓬
6.	探山	四 合 ∟	6 5	摧 崩
7.	罷宴	工 尺上	3 21	朱 門
8.	覓魂	工 尺	3 2	幽 冥
9.	斬娥	上 ∟ 尺	1 · 2	怎 辯
10.	瑤臺	尺 工 尺上四 ·合 ·四合 四 ∟	2 3 216 066 0 565 6 · 0	雙 抬

齒：侵尋、監咸、纖廉三韻都收閉口音，口閉之後，必須先張開，再出後字，這就往往多出一個脣音，尤其後字是開口或齊齒的字，如欲去此脣音，則非加休止不可。

譜例十六：1的「三」字陰平聲，收閉口音，而陰平聲的「千」字屬開口，配的腔又以疊音起，使「三」字非有暗的休止不可，所以應降反可升；2的「怎」字陰上聲，收閉口音，陽去聲的「地」字屬齊齒，所以「怎」字亦有暗的休止，應升反可下跳五度。

(2)家麻、車蛇與合口、撮口：家麻和車蛇兩韻收音時，都得張着嘴，家麻韻張得更大些，從張着嘴到撮口或合口，這就會多出「吁」或「烏」的音來，除非下字是「吁」或「烏」的音，其他撮口或合口，便得讓家麻或車蛇的前字加一個休止。

譜例十六：3的「馬」字陽上聲，家麻韻，陽去聲的「隊」字屬撮口，雖然「馬」字只有半拍，仍得把氣切斷，所以應升反可降；4的「射」字陽去聲，車蛇韻，陰上聲的「虎」字屬合口，「射」字的末音工（3）有暗的四分之一拍休止，所以應降反可升。

2脣音：五音中只有脣音常與前字鬧別扭，因而前字得加休止，形成例外；但前字收噫、吁、烏和閉口音，却與後字脣音順理成章，不能構成例外。

譜例十六自5.至9.，後字都是唇音：5.的「天」字收抵顎音，收音之後，必須加以短暫的休止，否則，「天」字便成收閉口音的「添」，字面失眞了，旣加休止，陽平聲的「蓬」字應降反可升了；6.的「摧」字收噫，7.的「朱」字收吁，8.的「幽」字收烏，9.的「怎」字收閉口音，這些都可與唇音連接得十分順當，所以它們的後字，應升則升，應降則降。

3.陰出陽收：陰出的字，要比陽出的字略高，因而構成應降反升的例外。譜例十六的10.，「雙」字陰平聲，「抬」字陽平聲，應降；但「抬」字陰出，反而上升一度，何況「抬」字又是在板的强音，更可上升了。

以上所言，都是崑腔中所允許的例外，施之於國語歌曲，未始不可，惟在配用唱腔時，若後字當降，不要配疊升，後字當升，不要配峯腔、倒腔……，這在國語歌曲，應該可以避免。

叁、前後字腔的關聯

崑腔北曲的字聲，平、上、去各分陰陽，計有六聲；二字相連，便有六六三十六種不同效果的變化發生在前後字腔之間，也就是前字腔的末音與後字腔的首音之間。由於四聲陰陽各有其高低，這些變化便形成同音、上行、上跳、下行、下跳等五種關聯，上行與上跳合稱爲「升」，下行與下跳合稱爲「降」。

表一〇七至一四二，便是二字相連所得的三十六種變化，表內列出各腔的各種關聯數字，憑這些數字去決定字腔間的同音、升或降。

數字以連爲主，以末爲從，間與斷是律中寬處，一概不計，除非沒有連，也沒有末，才輪到第三房媳婦—間—出來撐一撐場面。

升的數字與降的數字之比，暫定爲百分之十，這沒有什麼理由，當然也可以定爲百分之廿，不過，百分之十比百分之廿嚴謹些罷了。

如果降的數字除去允許的例外之後，所餘之數，不超過升的數字的百分之十，便認爲這字腔的關聯爲升；反是，則爲降。至於同音，要憑它的最高數和陰陽四聲來決定。

一、前後字間的升降

㈠陰平：

1陰平、陰平：見表一〇七。

王季烈螾廬曲談卷三：

「陰平二字相連：其在句首者，往往第一字用單腔，第二字用稍繁的腔，如第一字用六，第二字用六五六是也；其在句末者，大都第一字之腔稍高稍繁，第二字則用稍低之單腔，如尺工尺．上、或上尺上．四是也。」

王季烈的話，是指陰平與陰平相連，崑腔都用同音或下降一二度。

本節一前言中引楊蔭瀏中國音樂史綱的話，却說陰平與陰平相連，用同度或高低一二度。

現在且看表一〇七！

表一〇七是陰平與陰平相連的五種關聯—同音、上行、上跳、下行、下跳與四種關係—連、間、末、斷的數字。其中連的總數，升—上行和上跳僅八，降—下行和下跳共三百零八，升占百分之二·五三；末的總數，升爲三七，除去例外（註），餘二，降爲二六四，升占百分之〇·七五：連和末的百分率都未超出百分之十，陰平之後的陰平，應該以降爲是。

再在表一〇七中逐腔去看，連和末的升數也有超過百分之十的：

(1)降腔：連的升數五，都屬例外，除去不算，則升數爲零，降數爲四十五；

表一〇七

字數關聯＼腔		單	升	降	峯	谷	倒	摺	疊	簇	擻	頓	單豁	豁
同音	連	263								2				
	間	34		2										
	末	13		1					1					
	斷	10							2					
上行	連	1		2		1				1				
	間	25	5	7		2			1					
	末		1	5					2	15				
	斷	6	1	2					2					
下行	連			3										
	間	27	12	1		1				1				
	末			7					3	4				
	斷	22		2	1				6					
上跳	連	51	106	42	2		32		7	13	3			
	間	19	20	17		1	3		5	3	1			
	末	35	11	88	9	2	1	1	30	73	1			
	斷	3	1	1					1					
下跳	連	19	16	3	3				4	7				
	間	25	5	7					2	6				
	末	1		3	3				4	2				
	斷	5		2					4					

末的升數十二，也都屬例外：降腔不論連或末，後字應降不升。

⑵谷腔：末的升數爲零，降數爲二，應降。而連則降數爲零，升數爲一，這便是譜例十七中的「舒腰」二字，見北餞折油葫蘆：王譜作谷腔上行，此爲僅見；葉譜作升腔下行，應從。

⑶其餘各腔末的升數，除去例外，比值都在百分之十以內。

可見北曲的陰平二字相連，後字降而不升。

北曲陰平的收音雖然輕微，仍有高出低收兩個音符存在，後字很容易隨前字下抑的收音而下降。

國語陰平的收音，輕微到幾近於無，大可視爲只有一個音符，因而偶或上升，亦無不可。不過，平聲究竟是平聲，二平相連，不宜高低相去太遠，應以一二度爲限：所以楊蔭瀏有「高低一二度」之語。

譜例十七

1 王譜	、尺	上	」	尺	°工	尺	·上	尺
	2	1	0	2	3	2	1	2
	舒				腰			
2 葉譜	、尺		」	工	°尺		·上	一
	2		0	3	2		1	7·
	舒				腰			

註

所謂「例外」，不外本節貳例言中的八種，爲了篇

表一〇八

字關聯＼腔數		單	升	降	峯	谷	倒	摺	疊	簇	擻	頓	單豁	豁
同音	連	201								2				
	間	40			1					1				
	末	24								1				
	斷	6		1										
上行	連	2				1				1				
	間	16	2	1						1				
	末	3	3	17					3	17				
	斷	2		1					2					
下行	連	1	1	2										
	間	13	6	2		1			2	1				
	末		1	11					4					
	斷	5		1					8	3				
上跳	連	98	91	74	1		35		14	25				
	間	41	22	23			4	2	16	11				
	末	50	14	109	7		1	1	44	77	1			
	斷	4	1	1						1				
下跳	連	62	12	13					2	13				
	間	57	7	33	1				7	10	1			
	末	6		5	2				5	1		1		
	斷	10		1										

幅，除非必要，恕不一一邀列！

2.陰平、陽平：見表一〇八。

表一〇八中：連的總數，升數八，降數四百四十，升占百分之一．七八；末的總數，升數五十九，除去例外，所餘僅三，降數三二四，升的比值尚不足百分之一：北曲陰平與陽平相連，後字必降。

獨有谷腔，連數只升不降，好在爲數僅一，見邯鄲夢番兒折「詀人」二字，如譜例十八。六十種曲本也作「詀」，這字，康熙字典裡查不到，集韻裡也找不到，恐怕是「詁」字之誤，所以姑列入陰平，然否難知，不計也罷！

北曲陰平與陽平相連，陰高陽低，後字必降。國語亦然。

3.陰平、陰上：見表一〇九。

不論北曲或國語，都屬上聲最低，陰平之後的陰上，勢非下降不可。

表一〇九中：連的總數：升數五，降數一七三，升占百分之二．八二；末的總數，升爲廿三，除去例外，所餘僅一，降數一一二；升的比值都離百分之十尚遠，必降無疑。

譜例十八

尺	工	上尺	尺
2	3	12	2
	人		詀

表一〇九

字關	聯 腔數	單	升	降	峯	谷	倒	摺	疊	簇	擻	頓	單豁	豁
同音	連	20												
	間	22		1										
	末	1												
	斷	12	1	1										
上行	連	3	1											
	間	11	2											
	末	2		7					1	4				
	斷	3		1										
下行	連			1										
	間	11	4						1	2				
	末	1		6						1				
	斷	15		1					5					
上跳	連	40	5	34					6	17				
	間	43	7	48					9	6				
	末	13	2	34	3				5	11				
	斷	7		1					1					
下跳	連	56	1	6	2				3	3				
	間	72	4	20	1				3	4	1			
	末	11	3	18					2					
	斷	16		2	1				1	2				

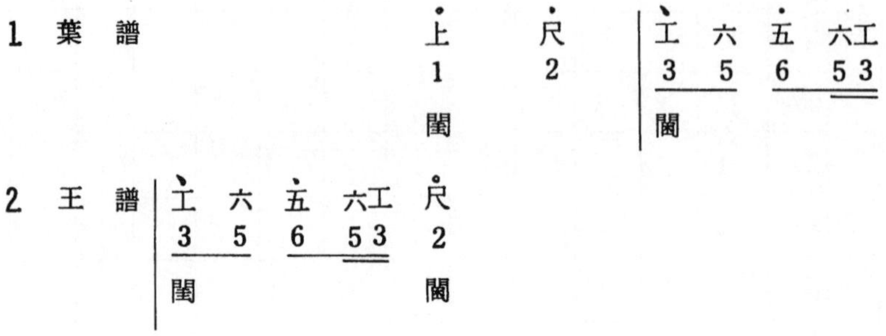

各腔連和末的升降數，除去例外，比值都在百分之十以內；獨升腔的連，升一降六，比值超過了百分之十。

譜例十九，見獅吼記三怕折脫布衫。「闔」字可上可去：葉譜作去，且點板，故配升腔上行；王譜作上，板在「闔」字，改配簇腔下行，應從。若此，升腔的連，可算作升零降七，仍是下降。

國語陰平與陰上相連，後字亦降。

4. 陰平、陽上：見表一一〇。

陰平與陽上相連，上在平之後，陽在陰之後，陽上便永無出頭之日，非降不可了。

表一一〇中，升的總數，連僅一，末僅二，比值極低，自該下降。不過，末的升數二，都屬降腔，但都是例外，所以降腔的升降比值爲零，亦自下降。

國語亦然。

5. 陰平、陰去：見表一一一。

譜例十九

1. 葉譜			上̇ 1 闔	尺̇ 2	| 工 3 闔	六 5	五̇ 6	六工 53
2. 王譜	| 工 3 闔	六 5	五 6	六工 53	尺 2 闔			

表一一〇

字數關聯＼腔		單	升	降	峯	谷	倒	搯	疊	簇	擻	頓	單豁	豁
同音	連													
	間	7												
	末													
	斷	3		1										
上行	連	1												
	間	1												
	末			1										
	斷	1												
下行	連													
	間	3	1											
	末			1										
	斷	4							1					
上跳	連	11	2	10					4	5				
	間	20	1	12					1	3				
	末	5		6				1	4	3				
	斷	1							1			1		
下跳	連	13	1	1										
	間	22		6					1	1				
	末	5		3					1					
	斷	6		1										

表一一一

字數關聯 \ 腔		單	升	降	峯	谷	倒	摺	疊	簇	擻	頓	單豁	豁
同音	連	16												
	間	10		1										
	末	1								1				
	斷	6							1					
上行	連	10	1											
	間	20	9	1					2					
	末	13		2						1				
	斷	3												
下行	連	7	7											
	間	19	3	3					1	1				
	末	2		1		1								
	斷	17		1					5					
上跳	連	15	10	11					1	1				
	間	19	4	8					3	1				
	末	18	7	60	1	4		1	16	21				
	斷	2							1					
下跳	連	17	2	1	3				1	1				
	間	27	13	5	4				4	1				
	末	4		9	3	1			2	1				
	斷	4		1										

去聲，不論陰陽，都難伺候！由於去聲具有雙重性格—低音性和高音性，對於它的該升該降，就得好好張羅。南曲的去聲，往往比平聲高；北曲受南曲的影響，去聲也常有爬到平聲腦袋頂上的時候。

表一一一中：連的總數，升爲二五，除去例外，所餘爲十，降爲六三，升占百分之一三·七；末的總數，升爲二十，除去例外，所餘僅一，升占百分之〇·六七：可見北曲的陰去，處於陰平之後，仍應下降。

現且逐腔看看：

(1)單腔：連的升數十七，去例外，餘三，降數三十二，升占百分之八·五七；末的升數十五，去間末和例外，餘一，降爲廿三，升占百分之四·三五：可見配用單腔的陰平之後的陰去，不論連末，都應下降。

(2)升腔：連的升數八，去例外，餘七，降爲十二，升占百分之三六·八四，超出百分之十許多；而末則升數爲零。按升腔本不宜於陰平，其上揚之勢，把後面的陰去提拔得冒過了頭，更是不宜，應以下降爲妥。

(3)谷腔：末的升數一，是間末，不計，降數爲四，這也應降。

(4)其餘各腔：連的升數均爲零；末的升數比值，都不曾超出百分之十。

北曲陰平與陰去相連，末則後字下降，連則偶有上升，究非所宜。

國語陰平與陰去相連，後字也應下降。

6.陰平、陽去：見表一一二。

陰平與陽去相連，陰聲後的陽聲應下降，平聲後的去聲也應下降，這該是降定了，但也偶有上升的。

表一一二中：連的總數，升爲五十三，除去例外，尙餘二十二，降爲一〇五，升占百分之一七·三二，超過了百分之十；末的總數，升爲二十六，除去例外，所餘僅一：這也和陰平、陰去相連一樣，後字應降，偶或上升，只能升於連，決不升於末。

且再逐腔看看：

(1)單腔：連的升數四七，除去例外，尙餘二十，降數五十八，升占百分之二五·六四；末的升數十三，除去例外，所餘僅一，降數三十二，升占百分之三·一二：是以，配用單腔的陰平之後的陽去，在連可升，在末則降。

(2)升腔：連的升數四，除去例外，成爲零，末的升數也是零，不論連末，一概下降。

(4)峯腔：末的升數一，是間末，不計，何況前字配用峯腔，後字都降。

表一一二

字數關聯＼腔		單	升	降	峯	谷	倒	搯	疊	簇	擻	頓	單豁	豁
同音	連	26												
	間	17	1	1										
	末	6		1					1					
	斷	6												
上行	連	43	3			1				1				
	間	30	8	3	1	1			1					
	末	12		3		2			2	3				
	斷	3	1							1	1			
下行	連	4	1											
	間	26	6	1						1				
	末	1		2										
	斷	14							5					
上跳	連	32	12	19					2	1				
	間	30	8	27					5	8				
	末	18	7	68	4	6		1	16	29				
	斷	1		2					1					
下跳	連	26	7	1	2	1			1	1				
	間	52	16	8	1		1			2	1			
	末	13	3	9		1	1		3	3				
	斷	4												

⑸谷腔：連的升數一，例外；末的升數二，也都屬例外；連末的升數都是零。不用說該降了。

⑹疊腔：末的升數二，都是例外，升數成零。

⑺簇腔：連的升數一，例外；末的升數三，間末一，例外二：升數也都爲零。

崑腔北曲的陰平與陽去相連，後字應降，除非前字配用單腔，後字間或可升，但仍以降爲妥。

國語無陽去聲，無從論列。

附、配用二音升腔的陰平之後

本章第三節叁行腔中，曾提及陰平配用二音升腔的百分率，高達九九・六（見表八十八）。它與後字的關連：不是回原位，即是下跳；不合此律的百分率不高。連數二六九，上升的十四，占百分之五・二；末數五十二，上升的凡五，占百分之九・六：都不曾起出百分之十。

㈠陽平：

1陽平、陰平：見表一一三。

表一・一三

字數關聯		單	升	降	峯	谷	倒	摺	疊	簇	擻	頓	單豁	豁
同音	連	79												
	間	36		1										
	末	9		1										
	斷	7		1					2					
上行	連	59	16	1		2				1				
	間	28	19	12		3			5	7				
	末	3	22	8					3	31	1			
	斷	6	1	2					1					
下行	連	36	11	2		2			3	1				
	間	49	27	2										
	末	6	8	8		1			4	7	1			
	斷	29	1	2					3					
上跳	連	33	58	34	1		25		3	13				
	間	26	26	22	4		5	1	2	5		1		
	末	45	15	81	15		2		39	60				
	斷	3	1	2					3	2				
下跳	連	22	14	2					2	8				
	間	14	15	2	1				1	6				
	末	5			2		2			3				
	斷	9	1						3					

單就陽揚陰抑而言，在陽平之後的陰平，應該上升才是。陽平的低出高收，上揚之勢，正好湊上陰平的高出，很自然地要上升，而北曲的陽平與陰平相連，却未必如此。

表一一三中：連的總數，升爲一三四，降爲二一五，升占百分之三八．三九，與降數相差無幾；末的總數，升爲一〇三，降爲二六九，升占百分之二七．六八，也超出百分之十許多：雖然，究竟升數少於降數，仍是以降爲主，尤其是末。

別看陽平跟在陰平的屁股後面，被陰平的抑勢所制，抬不起頭來，只有乖乖的下降；一旦爬到陰平的前面去，便「舉趾高，心不固」，現出它的三頭性格，一會兒純陽，一會兒純陰，一會兒又半陰不陽，把在它之後的陰平簸弄得暈頭轉向，一任它「要如何，便如何」，眞個的威風八面！現且看看各腔的情形，便知端的！

(1)單腔：陽平本身由兩個音符構成，若配用單腔，第二個音符便沒個着落處，勢非借後字補足不可；後字若是陰平，它的高出，正好承接：所以，配用單腔的陽平之後的陰平，以上升爲是。表一一三單腔欄，連的升數爲九六，占百分之六三．四，頗具優勢。

這是指陽出陽收或陰出陽收的陽平而言。如果它搖身一變，以純陰的性格出現，第二個音符便要低收，下抑之勢，若讓後字去補足，則後字便得下降：所以，單腔下降的連數凡五五，占百分之三六．六。

至於末，降數五十，升數九，升數內有間末四，例外四，所餘僅一，占百分之一．九六，非降不可。

(2)升腔：配用升腔的陽平，上揚之勢，把後面本該上升的陰平帶得更要上升。但表一一三升腔欄；連的升數二七，而降數却有七二；末的升數雖有三十，降數却有十五，占百分之三三．三，大大的超過了百分之十；實際上，不論連或末，降數都是零，都是允許的例外。

譜例二十所列，便是這些允許的例外；1.和2.是回至前字首音的連，計下行五十一，下跳十二；3.和4.是回至前字次音的連，計下行四，下跳一；5.是回至前字首音的末，計下行十五；6.和7.是大跳後反行的連，計下行三，下跳一；總計連七十二，末十五。把這些允許的例外除去不算，配用升腔的陽平之後的陰平，便只升不降了。

(3)降腔：純陰的陽平，才配用降腔，在它之後的陰平，必然下降。表一一三降腔欄；連的升數三，降數三十六，升占百分之七．七；末的升數十六，都屬例外；可見配用降腔的陽平之後的陰平，必降無疑。

(4)峯腔、倒腔：不管字聲，一律下降。

譜例二十

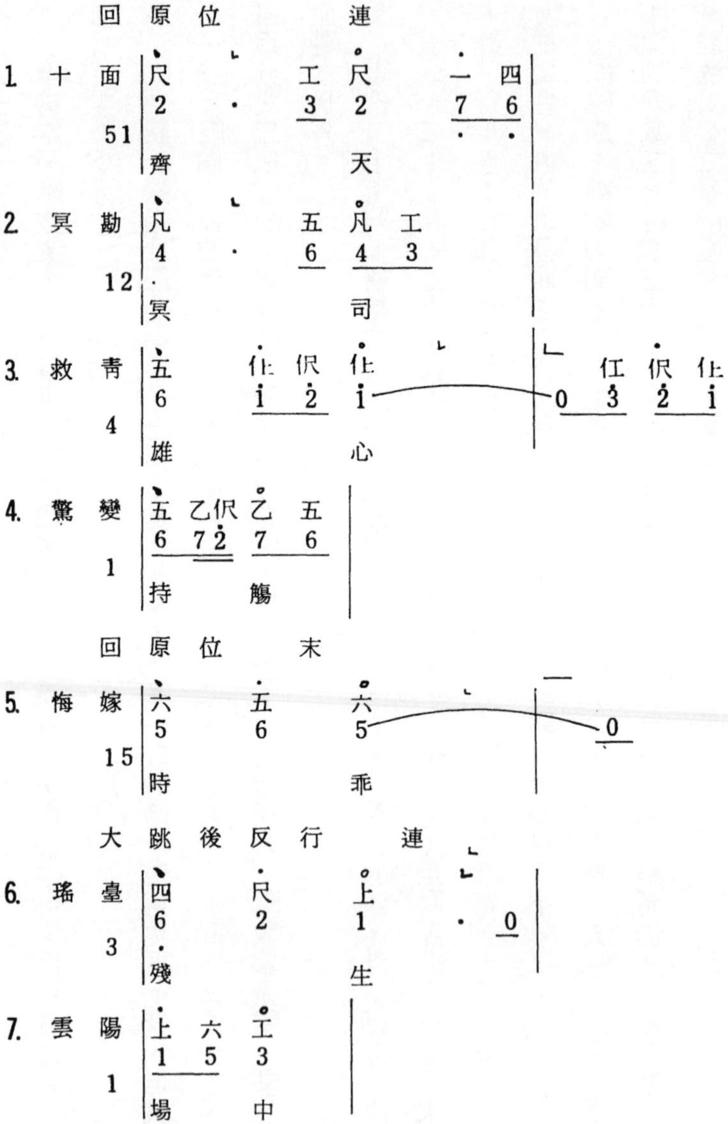

回原位 連

1. 十 面 51
尺 工 尺 一 四
2 · 3 2 7 6
齊 天

2. 冥 勘 12
凡 五 凡 工
4 · 6 4 3
冥 司

3. 救 青 4
五 仩 伬 仩 仜 伬 仩
6 1 2 1 0 3 2 1
雄 心

4. 驚 變 1
五 乙伬 乙 五
6 72 7 6
持 觴

回原位 末

5. 悔 嫁 15
六 五 六
5 6 5 0
時 乖

大跳後反行 連

6. 瑤 臺 3
四 尺 上
6 2 1 · 0
殘 生

7. 雲 陽 1
上 六 工
1 5 3
場 中

(5)谷腔、擻腔：無論連或末，降數都是零；陽平之後的陰平，本就該上升。

(6)疊腔：簇腔：陽平之後的陰平，本該上升；如果陽平配的是疊腔或簇腔，在它之後的陰平，却也可下降。這兩種腔，尤其簇腔，大都是四音以上的長腔，音時也大都在兩拍以上，腔拖長了，陽平大可視同陰平來處理，所以，配用疊腔或簇腔的陽平之後的陰平，可以下降。

陽平與陰平相連，陰平的升降，視陽平的配腔而定：配升腔、谷腔或擻腔，則陰平升；配降腔，則陰平降；配單腔、疊腔或簇腔，則陰平可升可降。

國語的陽平，只有低出高收一種，在它之後的陰平，應該以上升爲妥，除非陽平配用長腔，偶可下降。

2陽平、陽平：見表一一四。

王季烈螾廬曲談卷三：

「陽平二字相連，則宜用尺、尺工，六、六五；或有用上工、尺工，或工五、六五者，以上工折中，即成尺字，工五即成六字也。」

王季烈認爲陽平與陽平相連，後字得用同度或下降；而楊蔭瀏中國音樂史綱却說用同度、略高或上跳：在升降方面，一個要降，一個要升，這兩位先生好像在抬槓子。

表一一四

字數關聯		單	升	降	峯	谷	倒	摺	疊	簇	擻	頓	單豁	豁
同	連	146							1	1				
	間	44		2										
	末	12												
音	斷	8	1	1					1					
上	連	51	18	3	1	2			1					
	間	22	8	5		1			1	2				
	末	7	7	5					4	19				
行	斷	3	2	1										
下	連	21	6	5		1								
	間	24	15	1										
	末	3	6	15						5		1		
行	斷	20		2					1					
上	連	49	76	47	1		37		7	24				
	間	29	25	27	1		1		7	10				
	末	35	11	73	7		3		45	67				
跳	斷	1		1	2				1	3	2			
下	連	22	19	4			1		2	13				
	間	44	9	12	1	1			1	8	1			
	末	9		1	2		5		4	3				
連	斷	11		1	1	1			1	1				

照說：前面陽平的高收，連接後面陽平的低出，後字應降，王季烈說的沒錯；但陽平是上揚字聲，後字往往隨前字揚的氣勢而上升，則楊蔭瀏說得也對，這種說兩造都對的論調，倒有點像和事佬！事實上，確是兩造都對，若是不信，有表爲證。

表一一四中：連的總數，升爲一〇九，降爲三〇二，升占百分之二六．五二；末的總數，升爲七二，降爲二六五，升占百分之二一．三七。雖說降數多於升數太多，應該以降爲主；但升的百分率超出百分之十許多，說它可以上升，諒亦無妨：這該是事實！

其所以升降沒個準頭，是由於北曲陽平有點像小姐的脾氣，它會給你來幾下「晴時多雲偶陣雨」，令人捉摸不透。試將表一一四與一一三相較，兩表各腔的升降情形，一模一樣，是則陽平與陰平相連固同於陽平與陽平相連矣！陰平與陽平混雜，亦陰亦陽，忽陰忽陽，這升降又焉能定準？

南曲中：陽平與下抑字聲相連，陽平還是上揚的陽平；若與上揚字聲相連，便會成爲下抑的陽平，便大配其降腔了。在配用降腔的陽平中：後字是下抑字聲，百分率僅二．一九；若是上揚字聲，百分率便高到九七．八，尤其後字是陽平和陽入，百分率爲七八．五一。南曲陽平之所以配用降腔，並不是陽平和陰平混雜，而是爲了後字之故。蓋南曲的陽平二字相連，前字陽平的收音便呈下抑之象；像上上疊用，前面的上聲便似平聲一樣：所以陽平相疊，前字才配用降腔。

北曲可沒有這一套，管什麼後字的揚或抑，陽平聲要配降腔，便配降腔，甚至連降六音的降腔，也蒙青眼。一筆混帳，恐怕連電腦也得有奈何之嘆。

國語的陽平二字相連，恐怕也有點升降無定。依陽平的低出高收而言，前字的高收接後字的低出，則後字應降。就因爲它的低出高收，揚的氣勢，常將後字帶向高處；何況陽平相疊，前字上揚之勢會減弱許多，後字便顯得突出；這兩種情形，都會使後字上升。究竟若何則升，若何則降？這和前字所配的腔多少有點關係：

(1)單腔：單腔不能盡陽平上揚之勢，只好讓後字去補足，於是後字當升。但北曲中的末，每多下降，那是句法上的問題，且留待將來再採討。

(2)升腔：升腔、尤其是二音升腔最與國語陽平相合，它的高收正接上後字的低出，於是後字當降。

(3)降腔：降腔最不宜於國語陽平，但陽平相疊之後，前字揚的氣勢削減，何況降腔善能保持字聲，所以不妨配二音順級降腔，或三度的下跳。前字配降腔，可以顯得後字更加突出，於是後字當升。

(4)長腔：配用長腔的陽平，可視同陰平處理，於是後字可降。若長腔的最後二音是升腔的話，後字也不妨被帶得隨勢上升。總之，國語陽平相疊，後字應降，亦可升，且前字所配的腔，也能影響後字的升降。

陽平、陰上：見表一一五。

不論北曲或國語，都數上聲最低，把陰上放在陽平之後，自該下降。但表一一五中：連的總數，升爲四一，降爲九三，升占百分之三〇．五二；末的總數，升爲二八，降爲九七，升占百分之二二．四：百分比都超過百分之十。

這毛病都出在單腔的連。其餘各腔，不論連或末，上升的都屬例外。單腔的末，升數除去例外，餘二，百分率僅七．一四，自然算是下降；但連的升數，即使除去例外，尚餘廿二，占百分之一九．一三。這是由於陽平配用單腔，把它的高收抹殺了，怨氣難伸，便出在後字頭上，管它陰上陽上，升了再說：這情形在於連而不在於末。

國語陽平與陰上相連，自然宜降，卽使陽平配的是單腔，陰上也不宜升，只要一升，便成爲南方的上聲，而不是國語的上聲了。

4. 陽平、陽上：見表一一六。

陽平與陰上相連，前陽後陰，後字上升，還有可說；陽平與陽上相連，大家都是陽，而且前平後上，這總該下降才是，偏生還有上升的！

表一一五

字數關聯 \ 腔		單	升	降	峯	谷	倒	摺	疊	簇	擻	頓	單豁	豁
同音	連	22							1	1				
	間	22		3					1					
	末	4												
	斷	10							1					
上行	連	9	2	9										
	間	8	2	2					2	1				
	末	1	3	7					2	2				
	斷	1							1					
下行	連	21												
	間	21	2	2						2				
	末	5		8										
	斷	14	2	2					4	1				
上跳	連	19	6	15					3	7		1		
	間	45	3	40	3		1		6	11		1		
	末	9	1	28	1	1	2		8	16				
	斷	9	1	4					3	1				
下跳	連	27	5	4	2				2	2				
	間	64	8	22	1				6	2	1			
	末	17		6	2				3	3				
	斷	22		2										

表一一六

字數關聯＼腔		單	升	降	峯	谷	倒	摺	疊	簇	攛	頓	單豁	豁
同音	連	7												
	間	6												
	末													
	斷													
上行	連	4												
	間			1										
	末		1	6										
	斷	1												
下行	連	3		1										
	間	4												
	末			2						2				
	斷	5												
上跳	連	7	2	4						2				
	間	12		9		1			6	1				
	末	4	1	2						6				
	斷													
下跳	連	14	2		1					3				
	間	19	1	12										
	末	2			1							1		
	斷	10		4						2				

這毛病也出在單腔的連。表一一六中，所有的升數都屬例外，只有單腔連的升數餘五，降數二十一，升占百分之一九・二三，超過了百分之十，緣故也在陽平配用單腔上。國語應降。

5.陽平、陰去：見表一一七。

陰去的個性，好出人頭地，前面有陰平下抑之勢在按住它，尚且要撑出腦袋來挸挸；如今換了陽平，前陽後陰，再加陽平的上揚之勢幫襯了它，更加不可一世，要爬到陽平頭上撒起尿來了。

表一一七中，連的總數，升數八十二，降數三十四，升占百分之七〇・六九；末的總數，升數五十一，降數一六一，升占百分之二四・〇六，若除去例外，還有一六・六，仍然超過百分之十。這好像連應以升爲主，末則以降爲主。其實北曲去聲並不比平聲高，不論連末，都應下降，請看各腔的升降之數，便知端的。

且先從降腔以下各腔看來：

(1)降腔：連的升數一，例外，餘數爲零，降數爲八；末的升數七，例外六，餘數爲一，降數四十九：不論連末，都應下降。

(2)峯腔、倒腔、摺腔：連和末的升數都爲零，應降可知。

表一一七

字數關聯＼腔		單	升	降	峯	谷	倒	摺	疊	簇	擻	頓	單豁	豁
同音	連	2												
	間	5		1										
	末													
	斷	3	1	1										
上行	連	17	24											
	間	14	20	1		2			1	1				
	末	6	11	3		1			1	8				
	斷	3	1						1					
下行	連	24	15	1					1					
	間	33	16	4						2				
	末	9	3	4		1			1	3				
	斷	13	3							2				
上跳	連	5	11	7			1							
	間	17	8	17	1	3	1		4	5				
	末	11	23	42	2		5	1	15	35				
	斷	1	1											
下跳	連	2	3	1	2		1			1				
	間	28	9	3	2				1	3				
	末	6	6	7	2				4	2				
	斷	1							1					

(3)谷腔：末的升數二，都是間末，不計。

(4)疊腔：連和末的升數凡三，都屬例外，應降。

(5)簇腔：連的升數為零；末的升數十一，都是例外，亦為零；應降。

前字配用降腔等七腔，後字都降，而配用單腔和升腔便不同了：

(6)單腔：連的升數四十一，降數七，升占百分之八五·四一；末的升數十五，降數十七，升占百分之四六·八八：這緣故就出在陽平配的是單腔。

(7)升腔：連的升數三十九，降數十四，升占百分之七三·五九；末的升數十四，降數二十九，升占百分之三二·五六：這是受升腔上揚之勢的提拔，把陰去甩過頭去了。可見陽平與陰去相連，應以降為主；只有陽平配用單腔和升腔，方可讓陰去上升，但這多在於連，末仍喜降。

國語的陽平和陰去相連，也是一樣。

6.陽平、陽去：見表一一八。

陽平與陽去相連的情形，和陽平與陰去相連差不許多，只是陽去好出人頭地的毛病，要比陰去輕些。

表一一八中：連的總數，升為一三七，降為九二，升占百分之五九·八二；末的總數

表一一八

字數關聯＼腔		單	升	降	峯	谷	倒	摺	疊	簇	擻	頓	單豁	豁
同音	連	9	2											
	間	13	2	1					1					
	末	1				1								
	斷	6		1					1					
上行	連	21	54			1			1					
	間	28	18	3		1			1					
	末	7	9	2		3			4	1				
	斷	4		3						1				
下行	連	48	9	3										
	間	22	12	4					2	1				
	末	5	2	2		1				1				
	斷	12	1											
上跳	連	24	17	9	4		7			1				
	間	33	7	12			2		11	9	1			
	末	18	30	75	3	13	5	4	21	47				
	斷	4		1										
下跳	連	12	8	2	2		3		3	1				
	間	47	10	11	4		2		1	2				
	末	7	5	9	7	3	1		6	3				
	斷	2												

，升爲三七，降爲二五九，升占百分之一二·五：升的百分率，比陽平與陰去相連要低些。

從降腔到簇腔等七腔的升數，除去例外，僅谷腔的末餘一，可見配用這七腔的陽平之後的陽去，都應下降；惟有單腔和升腔不是：

⑴單腔：連的升數六九，降數三六，升占百分之六五·七一；末的升數十二，降數廿五，升占百分之三二·四三：升的百分率，比陽平與陰去相連低。

⑵升腔：連的升數六三，陰數二五，升占百分之七一·五九；末的升數十一，降數三五，升占百分之二三·九一：升的百分率也比陽平與陰去相連低。

可見陽平與陽去相連，後字應降；後字若升，則多在陽平配用單腔或升腔之後。

國語無陽去聲。

㈢陰上：

1陰上、陰平：見表一一九。

北曲的上聲最低，平聲最高，把最高的放在最低的之後，說什麼也壓不住，其爲升也無疑。國語亦然。

表一一九中：連的總數，升爲一五一，降爲二八，除去例外，所餘爲四，降占百分之

表一一九

字數關聯＼腔		單	升	降	峯	谷	倒	摺	疊	簇	擻	頓	單豁	豁
同音	連	5												
	間	5												
	末	1												
	斷	1	1									1		
上行	連	23	38	1		5			2	4				
	間	26	78	4		5			7	10		5		
	末	5	28			1			1	24		3		
	斷	1	4				1							
下行	連	25	29	12		3			4	5		3		
	間	34	76	11		1			10	5		7		
	末	6	17	14					2	9		5		
	斷	13	3	1						1		2		
上跳	連	4	8	9			1							
	間	7	32	16	1	1	1	4	3	10		4		
	末	2	2	1	1									
	斷	1				1						1		
下跳	連	6												
	間	8	4	1					1					
	末													
	斷		1											

二·五八；末的總數，升爲一〇七，降爲六，去例外五，所餘僅一。連易升而末易降，這裡的末也上升了，不升何待？各腔降數去例外，均不出百分十。

2陰上、陽平：見表一二〇。

陰上與陽平相連，後字應升。在表一二〇中：末的總數，升爲一三〇，降爲二十，去例外，餘三，降占百分之二·二六，應升；連的總數，升爲一五七，降爲七二，去例外，餘四十一，降占百分之二〇·七，這毛病便在單腔的連。

各腔的連和末，降數經除去例外之後，比值都不超過百分之九；惟獨單腔的連，升數五六，降數四三，去例外二，仍餘四一，降占百分之四二·二七。這比值太大了，似乎顯示配用單腔的陰上之後的陽平，大可下降。論音高，陰上絕不及陽平，陰上之後的陽平，應以上升爲是。

配用單腔的陰上之後的陽平所以下降，是因爲：

(1)字面失眞：四十一個陰上字中，音時半拍以下的，凡二十四，占百分之五八·五四。板急處的字面，容易失眞，使後字的升降無所憑藉。

(2)弱字團：板急處多半是弱字團，可以構成例外。

(3)陽平的低出：陽平字高唱，很容易唱成陰平聲，這會使度曲者作辣。陰出陽收的

表一二〇

字數關聯＼腔		單	升	降	峯	谷	倒	摺	疊	簇	擻	頓	單豁	豁
同	連	20												
	間	7				1								
	末													
音	斷	1	1	1							1			
上	連	33	29	2		3		1	3	6				
	間	24	77	2		4			6	13		5		
	末	1	32	1		2		1	1	25				
行	斷	1	2							5				
下	連	23	20	25	1	1	1		3	6		1		
	間	20	50	9		1			6	6		3		
	末	5	22	27		1			1	1		5		
行	斷	4	1	3						1				
上	連	19	7	13			1		1	14				
	間	9	37	24		4			2	4		2		
	末	1	3	6			1		2	3				
跳	斷								1	1				
下	連	24	2	3						3				
	間	8	4	3		1			3			1		
	末	2	1											
跳	斷	1	1						1					

陽平，稍高無妨；陽出陽收的陽平，最好譜得低些。四十一個陽平字中，陽出陽收的凡二十六，占百分之六三・四一：所以它們用降而不用升。

(4)南曲的影響：南曲配用單腔的陰上之後的陽平，都用下降，升數僅百分之九・〇九。崑腔北曲是南曲的北曲，常被南曲在無形中支配着，所以北曲陰上之後的陽平，頗多下降。

國語陰上與陽平相連，後字宜升；如若下降，陰上聲勢必揚高，唱來便是南方的土聲，而不是國語的上聲了。

3.陰上、陰上：見表一二一。

上聲本身便是個麻煩，白高唱低，南高北低，土語高，國語低；兩上相疊，麻煩倍蓰。

明王驥德方諸館曲律：

「上上疊用，則第一字便似平聲。」

上聲神通廣大，竟能搖身一變，上上疊用的第一字，陰上會變成陰平，陽上會變成陽平，於是前後字的末音和首音，便升降都可了。

上上相連，後字將隨前字上揚之勢而上升；若前字變爲平聲，則平上相連，後字便非

表一二一

字數關聯	＼腔	單	升	降	峯	谷	倒	摺	疊	簇	擻	頓	單豁	豁
同音	連	50												
	間	16		1										
	末	1								1				
	斷	6	2							1				
上行	連	32	9	6		4			1					
	間	7	8											
	末	2	4	8		1			1	7		2		
	斷	2												
下行	連	43	8	21		2								
	間	12	5	13								1		
	末	5	1	13						6		1		
	斷	9	2	2					1	2				
上跳	連	23	8	25					6	6				
	間	15	3	14	1					2		1		
	末	6	3	5			2		2	7				
	斷	3	2	1										
下跳	連	18	9	5					1	5				
	間	22	7	8					3			1		
	末	1		5	1					2				
	斷	4	3						1					

降不可。

表一二一中，是陰上與陰上相連的一些數字：連的總數，升爲一二六，降爲一〇六，降占百分之四五・六九；末的總數，升爲五十，降爲三十五，降占百分之四一・七八：降的比值都在百分之四十以上。可見陰上與陰上相連，後字上升是應該的，但下降也沒有什麼不應該。

明王驥德方諸館曲律：

「雁來紅第五句『奈李廣未侯眞數奇』，李廣兩上聲，李字稍不調停，則開口便是離廣矣。故遇連綿現成字，如宛轉、酩酊、嬝嬝、整整之類，不能盡避，一應生造字，只宜避之爲妙。」

王驥德的意思，是讓作曲者避免兩上叠用，否則，譜曲者便要傷傷腦筋，度曲者更得好好調停，若將李廣唱成離廣，字便不眞，瑕疵也。雖然這是譜法上的一點瑕疵，但仍依照句字音讀的自然變化來處理，不失爲可用之道。叠字便多採用這樣作爲平上相連的處理方法。

國語的陰上與陰上相連，後字以升爲妥，最好不要當作陰平與陰上相連處理，以免字面失眞。

4.陰上、陽上：見表一二二。

兩上相疊，後字應升；但前陰後陽，後字應降。

表一二二中：連的總數，升三十二，降二十七，降占百分之四五・七六；末的總數，升九降十，降占百分之五二。七四；降的比值，都高於陰上與陰上相連。陰上之後的陽上，除當作陰平與陽上相連處理外，還受了陰高陽低的影響，降的成份更大了。

國語的陰上與陽上相連，也應上升；但看在陰陽的份上，間可下降。

5.陰上、陰去：見表一二三。

在仄聲中，去高於上。陰上與陰去相連，後字應升。

表一二三中：連的總數，升爲一三三，降爲五六，去例外，餘六，降占百分之四・三二，後字升於連；末的總數，升爲二十，降爲三八，降多於升，若除去例外，降數仍餘七，占百分之二五・一，在末，後字固當升，但亦可降。

去聲具有高首性，尤其陰去，益見其高，高到敢和陰平一爭上下。它的本來，是低音性的仄聲，能夠儘量放低，甚至低到上聲之下，照樣的泰然處之。這得看地方，在末，是句子的最後一字，强弩之末，要狠也狠不起來，雖在陰上之後，還得低頭。

國語的陰上與陰去相連，後字也應上升，但在句末，却不妨通融通融，下降亦可。

表一二二

字數關聯 \ 腔		單	升	降	峯	谷	倒	摺	疊	簇	擻	頓	單豁	豁
同音	連	14												
	間	3												
	末	1												
	斷	1		1										
上行	連	9	1	4										
	間	2	1	1					1					
	末		1	1					1					
	斷													
下行	連	11	5	2										
	間	3	3	2					1					
	末	1	2	3										
	斷	4		1										
上跳	連	10		7						2				
	間	4	1	3										
	末	4	1	3	1									
	斷													
下跳	連	7		1										
	間	1	1	2					1	1				
	末		1											
	斷													

表一二三

腔 字數關聯		單	升	降	峯	谷	倒	摺	疊	簇	擻	頓	單豁	豁
同音	連	7												
	間	3												
	末													
	斷													
上行	連	32	25			6			1					
	間	20	16	1		2				1		1		
	末	3	4						1					
	斷		2	1										
下行	連	38	12	17								2		
	間	15	12	4					2	1		1		
	末	4	2	5		1								
	斷	3	5						4	2		1		
上跳	連	3	10	2			2		1	1		6		
	間	5	10	1			2			1		2		
	末	1	9	5		1	4		5	3		3		
	斷									2				
下跳	連	8	12		3		2		4	1		1		
	間	6	6	3			2		1					
	末	2	3						1	1				
	斷	1												

6.陰上、陽去：見表一二四。

陰上與陽去相連：依前上後去，後字當升；依前陰後陽，後字當降：下降的成份，比陰上與陰去相連大些。

表一二四中：連的總數，升爲二二五，降爲一〇五，去例外，餘二十一，降占百分之八．四五，後字應降；末的總數，升爲二三，降爲四八，降多於升，除去例外，降數餘十，占百分之三〇．三：不論連或末，降的百分率都比陰上與陰去相連大些，這表示陰上後的陽去的下降成分也大些，也表示後字應升，下降亦可。

(四)陽上：

1.陽上、陰平：見表一二五。

陽上與陰平相連，前上後平，前陽後陰，後字準得升。國語亦應如此。

表一二五中：連的總數，升爲四十，降爲九，去例外，餘三，降占百分之六。九八；末的總數，升爲四一，降爲一，占百分之二．三八：不論連末，後字都升。各腔之中，獨單腔連的升數十，降數四，去例外，餘一，降占百分之一六．六。所餘降數二，都只半拍，板急之處，前字字面容易失眞，後字便也馬虎了。

2.陽上、陽平：見表一二六。

表一二四

字數關聯 ＼ 腔		單	升	降	峯	谷	倒	摺	疊	簇	擻	頓	單豁	豁
同音	連	9	2											
	間	4							1	1				
	末	1												
	斷	1								1				
上行	連	48	43	3		9			4	4		2		
	間	22	27	1		1				3				
	末	2	10			2			1	2	1			
	斷													
下行	連	53	21	34					3	2				
	間	15	9	7										
	末	2	1	3										
	斷	7	4	1								1		
上跳	連	10	25	14	3				1	3		2		
	間	9	9	2	1				3	3		4		
	末	3	11	7	1	2	6	1	2	8				
	斷													
下跳	連	13	21		8				1	2		2		
	間	6	7				1		2	2		1		
	末		3		3					1				
	斷		3									1		

表一二五

字數	關聯＼腔	單	升	降	峯	谷	倒	摺	疊	簇	攛	頓	單豁	豁
同音	連	3												
	間	2												
	末													
	斷													
上行	連	5	10	2		1				3				
	間	7	42	2		1				6		3		
	末	2	8							4	1			
	斷													
下行	連	5	4	7					1	1		1		
	間	10	28	1		2			2	3				
	末	4	3	11		2			2	1		3		
	斷	2								1		1		
上跳	連	2		3						1				
	間	3	13	5		2		1						
	末													
	斷													
下跳	連	2	1											
	間	2								1				
	末			1										
	斷													

表一二六

字數 關聯	腔	單	升	降	峯	谷	倒	摺	疊	簇	擻	頓	單豁	豁
同音	連	8												
	間	4												
	末									2				
	斷		1											
上行	連	21	12			2			2					
	間	6	21							2		1		
	末		8	1						8				
	斷													
下行	連	7	11	6		1			1	3				
	間	5	27	6					2	3		2		
	末	1	9	6								1		
	斷	1	1	1						1				
上跳	連	4		6										
	間	6	12	6				2	2	2				
	末		4	1						4				
	斷								1					
下跳	連	8				1								
	間	5	5	2										
	末	1												
	斷		2											

陽上與陽平相連，前後二字都是陽聲，但一上一平，後字勢必上升。

表一二六中：連的總數，升爲六六，降爲一九，去例外，餘四；末的總數，升爲三四，降爲十，都是例外，則降爲零：後字無疑的要上升。各腔中，惟有單腔的連，升數二八，降數一二，去例外，尙餘四，降占百分之一二·五。這也由於單腔急板，前字失眞之故。

國語的陽上與陽平相連，也是如此。

3. 陽上、陰上：見表一二七。

陽上與陰上相連，兩上相叠，後字應升，再加前陽後陰，後字更要上升了。

表一二七中：連的總數·升爲十五，降爲十，去例外，餘一，降占百分之六·二五；末的總數，升爲七，降爲二，都是例外，陽上後的陰上，自應上升。

國語的陽上與陰上相連，也是如此。

4. 陽上、陽上：見表一二八。

陽上與陽上相連，前字的上揚之勢，帶得後字上升。請看表一二八，連和末的降數僅四，但都是例外，升降之比，爲十六比零，後字應升。

國語的陽上與陽上相連，後字也應升。

表一二七

字數關聯＼腔		單	升	降	峯	谷	倒	摺	疊	簇	擻	頓	單豁	豁
同音	連	10												
	間	5										1		
	末	2												
	斷	1												
上行	連	4												
	間	1	2											
	末	1		3										
	斷	1												
下行	連	7	2	2										
	間	1	2	2								1		
	末		1	1						1				
	斷	2		3						1		1		
上跳	連	2		1					1	4				
	間	4		3						2				
	末		1							1				
	斷	1		1					1					
下跳	連	1								1				
	間	2	3	3										
	末													
	斷		1						1	1				

表一二八

字數關聯	腔	單	升	降	峯	谷	倒	摺	疊	簇	擻	頓	單豁	豁
同音	連	3												
	間													
	末	1												
	斷													
上行	連	3	1	2										
	間			1										
	末		1	1					1					
	斷													
下行	連	1		1		1			1					
	間													
	末									3				
	斷													
上跳	連			1										
	間		1											
	末			1										
	斷													
下跳	連									1				
	間			1										
	末			1										
	斷													

5.陽上、陰去：見表一二九。

陽上與陰去相連，前陽後陰，前上後去，後字非升不可。表一二九中：連的總數，升爲二八，降爲二一，去例外，餘二，降占百分之六．六六；末的總數，升四，降十！，都是例外，降數爲零：可見後字必升。

去聲具有低音性，多出現於末。陽上與陰去相連的末，若不去例外，則降多於升，表現了去聲的低音性。

各腔之中，惟單腔連的降數，比値爲一一．七六，超過百分之十小許，這也是前字配單腔，又在板急處之故。

國語的陽上與陰去相連，亦復如是。

6.陽上、陽去：見表一三〇。

陽上與陽去相連，前上後去，後字應升。

表一三〇中：連的總數，升爲四三，降爲一四，去例外，餘三，降占百分之六．五二；末的總數，升爲五，降爲十二，都是例外，降數成零：是以後字必升。

這和陽上陰去相連的情形一樣，去聲的低音性出現於末，末的總數不去例外，也降多於升。

表一二九

字數關聯 \ 腔		單	升	降	峯	谷	倒	摺	疊	簇	擻	頓	單豁	豁
同音	連	1												
	間													
	末													
	斷	1												
上行	連	7	2	1										
	間	5	6							2		1		
	末	1	1			1		1						
	斷		1											
下行	連	8	2	6	1	1								
	間	3	3											
	末	1												
	斷	3							1	1				
上跳	連		4	2	1		1			1				
	間		1	1	1		1			2				
	末		3						3	4				
	斷		1									1		
下跳	連	2	4		1		1			2		2		
	間		1							1				
	末								1					
	斷													

表一三〇

字數關聯＼腔		單	升	降	峯	谷	倒	摺	疊	簇	擻	頓	單豁	豁
同音	連		1											
	間	1												
	末													
	斷													
上行	連	7	14			3								
	間	6	7									1		
	末													
	斷													
下行	連	11	4	4										
	間	5	11						1					
	末	4		1										
	斷	1	2											
上跳	連	2	4	1					1			1		
	間	1	1	2					2	2		2		
	末	1	6	1						2		1		
	斷								1					
下行	連	1	2	1			1							
	間	1	2				2			1				
	末		1											
	斷	1	1											

單腔的連，升爲一八，降爲三，去例外，餘二，比値恰爲百分之十。

(五)陰去：

1.陰去、陰平：見表一三一。

陰去與陰平相連，前去後平，後字應升。

表一三一中，除單腔和降腔外，其餘諸腔，不論連末，下降的都是例外，可見後字應升。

陰去聲是抑中之抑，下抑之勢極强，若配用單腔，下抑之勢蹩住了，必須借後字出氣，所以在配用單腔的陰去之後，不管什麼字聲，都得下降。

陰去若配用降腔，强盛的下抑之勢，很容易把後字帶得下降。表一三一降腔欄：連的升數九，降數十一，去例外，餘五，降占百分之三五・七一；末的升數三二、降數一七，去例外，餘八，降占百分之二十：都超過百分之十許多。

國語的陰去與陰平相連，後字也應上升；惟陰去配用單腔或降腔時，後字或可下降。

2.陰去、陽平：見表一三二。

陰去與陽平相連：前去後平，後字應升；而前陰後陽，後字却宜降，所以降的百分率，高於陰去與陰平相連。表一三一中，降的百分率：連爲六〇・六；末爲二四・二二。表

表一三一

關聯 \ 字數 \ 腔		單	升	降	峯	谷	倒	摺	疊	簇	擻	頓	單豁	豁
同音	連	3								1			1	
	間	3												
	末													
	斷													
上行	連		4	6		1		1						
	間	8	5	23		6		2	3	10			1	7
	末			13		4		1		14				14
	斷	1		1					1					2
下行	連	2		3		9		1	1	2		1		7
	間	3	6	8		20			1	1				11
	末	1		19		10		1	1	6		3		10
	斷	5	2	4								1		4
上跳	連	24	3	8						1			1	
	間	28	1	10		4		12	2	5			5	1
	末	3		9	1				3	1				1
	斷													
下跳	連	20	1	3										
	間	36	5	12					1					3
	末	2		8					1	1				1
	斷	1												

表一三二

字數關聯＼腔		單	升	降	峯	谷	倒	摺	疊	簇	撒	頓	單豁	豁
同音	連													
	間	4												
	末			1										
	斷	1		2						1				1
上行	連	1	1	12		2				2				7
	間	5	2	15		9				9				14
	末	1		15		5		1	3	21				4
	斷	1												
下行	連	1		8		3				1				4
	間	5	5	7		18		1	1	1				8
	末		1	24		6		2	2	8		2		9
	斷	4		3										3
上跳	連	24		11			1	1		2			2	
	間	18	3	12		1		6		2		1	6	
	末	5	1	16		1			1	7			2	6
	斷	1		1										
下跳	連	30	6	6					1	1			4	1
	間	20	4	7					2	3		1		2
	末	4		6					1	2				
	斷	1		2						2	1			1

一三二中，則連為六八．一七；末為三三．三。

表一三二各腔的升降情形，比之陰去與陰平相連，差不許多：除單腔和降腔外，其餘各腔的連和末，降數都是例外，只有簇腔和豁腔的末，下降各餘一。

可見陰去與陽平相連，後字宜升；只有前字配單腔或降腔，則後字或可下降。

國語的陰去與陽平相連，也應該一樣。

3.陰去、陰上：見表一三三。

陰去與陰上相連，前去後上，後字必降。

表一三三中，連和末的升數除去例外，只有降腔末的升數餘一，後字不降何待？國語亦然。

4.陰去、陽上：見表一三四。

陰去與陽上相連，前陰後陽，前去後上，後字也應下降。

表一三四各腔連和末的升數除去例外，惟單腔連的升數餘一，後字自降。國語亦然。

5.陰去、陰去：見表一三五。

去去疊用，後字常隨前字的下抑之勢而下降。表一三五連和末的升數去例外，各餘一，後字自降。國語亦然。

表一三三

字數／關聯	腔	單	升	降	峯	合	倒	摺	疊	簇	擻	頓	單豁	豁
同音	連	1												
	間			1										1
	末													
	斷	3		4						1				4
上行	連	1		1						1				
	間	2		2										
	末	1		12					3	13				7
	斷													
下行	連			2										
	間	2		4										
	末			26					1	5				4
	斷			7					1	2				
上跳	連	27		11			1		1	3			10	2
	間	22		11					2	6			7	
	末	5		17		1		1	2	8				3
	斷	1		1						1				
下跳	連	43	8	12						8			6	6
	間	25	4	6	1				1				3	1
	末	9	1	8						2			4	5
	斷	4		1									1	

表一三四

字數關聯＼腔		單	升	降	峯	谷	倒	摺	疊	簇	攛	頓	單豁	豁
同音	連	2												
	間	1												
	末													
	斷			1										
上行	連													
	間	1		1						2				1
	末			5						1				3
	斷													
下行	連	1												
	間	2												
	末			5						3				1
	斷	1												
上跳	連	14		8					1	2			4	
	間	3		4					2	1			1	1
	末	6		10					3	7				2
	斷	1		1									1	
下跳	連	19	3	3									7	
	間	12	1	4									1	1
	末	2	3	1						2			2	
	斷			3		1				1				

表一三五

字數關聯＼腔		單	升	降	峯	谷	倒	摺	疊	簇	擻	頓	單豁	豁
同音	連	9											4	
	間	2											1	
	末												1	
	斷			1										
上行	連	3												
	間	3										2		
	末	1		1										
	斷	1		1						1	1			2
下行	連			1										1
	間	4		4										1
	末			1					1	1				
	斷	1	1	3		1			1					4
上跳	連	18	2	6									7	
	間	4	2	1									3	
	末	1	1	5					1	2				1
	斷													
下跳	連	9	10	3									1	2
	間	5	1	6					1	2				1
	末													
	斷													

6.陰去、陽去：見表一三六。其中連和末的升數去例外，僅連的升數餘一，後字亦降。

㈥陽去：國語無陽去。

1.陽去、陰平：見表一三七。

陽去與陰平相連，前陽後陰，前去後平，後字應升。

表一三七中，除單腔與降腔外，其餘諸腔，不論連末，去了例外之後，只有豁腔連的降數餘一，可見後字應升。只有前字配用單腔或降腔時，後字方可下降，這和陰去陰平相連的情形一樣。

2.陽去、陽平：見表一三八。

陽去與陽平相連，前去後平，後字應升。惟前字配單腔或降腔，則後字可以下降。

表一三八中，除了單腔和降腔，其餘諸腔連或末的降數，除去例外，只簇腔的連和豁腔的末各餘一。

3.陽去、陰上：見表一三九。

陽去與陰上相連，前去後上，後字應降；而前陽後陰，後字或可上升。

表一三九中：連的總數，升數九，去例外，餘二，降數一八五，升占百分之一．〇七

表一三六

字數關聯 \ 腔		單	升	降	峯	谷	倒	摺	疊	簇	擻	頓	單豁	豁
同音	連	13											5	
	間	6							1					
	末					1								
	斷			1										
上行	連					1								
	間	9		2						1				
	末			3						2				2
	斷			1										
下行	連									1				
	間	3		1		1		1		2				
	末	1		4						1				
	斷	2		3										3
上跳	連	17	5	8						1			11	
	間	13	1	5	1								1	1
	末	2		1					1	2			2	1
	斷													
下跳	連	38	6	3	1	1				1			3	1
	間	15		3		1				2			1	
	末	1	4	2		1								1
	斷													

表一三七

字數關聯 ╲ 腔		單	升	降	峯	谷	倒	摺	疊	簇	擻	頓	單豁	豁
同音	連	2											2	
	間	1		1										
	末	1											1	
	斷			1		1								1
上行	連			10						5			1	5
	間	13	11	19		24		1	3	16		2		21
	末	3	2	15		7		3	3	34			2	16
	斷	1		3		1				2				
下行	連			4		6				1				5
	間	22	13	14		30		4	3	14				25
	末	3	3	35		12		5	3	8		2		13
	斷	2		9						1				6
上跳	連	17	1	4			1			2			6	
	間	46	11	15		13		12	4	22			8	12
	末	1	1	6						1				
	斷			1		2								2
下跳	連	19	11	4			1						4	2
	間	28	15	11		1			1	1		1	3	4
	末		3	6			3			1			1	2
	斷	3				1								

表一三八

字數關聯＼腔		單	升	降	峯	谷	倒	摺	疊	簇	擻	頓	單豁	豁
同音	連	2											1	
	間	3												
	末													
	斷			1										
上行	連			12		8		1		4				12
	間	10	14	14		19		1	2	14		2		13
	末	1	1	15		4			3	14				12
	斷													
下行	連	4		10		6			2	4				4
	間	9	14	13		18		3	2	3				15
	末	2	1	28		11		4	1	8		1		13
	斷	6		3		1			1	1		1		1
上跳	連	32		19			1		1	4			6	1
	間	35	7	12	1	6		5	5	24		2	4	6
	末	4	2	21	2		1		1	7			1	4
	斷	2		3						1				
下跳	連	27	14	6					1	4			8	3
	間	17	7	10					2	9		1	1	4
	末	1	4	6					1	2				3
	斷	1	1	3		1			2					1

表一三九

字數關聯	腔	單	升	降	峯	谷	倒	摺	疊	簇	擻	頓	單豁	豁
同音	連	4		2									2	1
	間	2												1
	末	1												
	斷	2	1	6										
上行	連	1	1	1					1	1				
	間	4	1	1										1
	末			24					2	14				12
	斷	1		1										
下行	連	2								1				1
	間	3		3										
	末		1	23		1				10				4
	斷	3	1	4					1	1				6
上跳	連	26	1	14					7	11			11	3
	間	20	1	20			1		2	10			5	1
	末	12	1	25	1	1			3	11			1	4
	斷			2		2			1					2
下跳	連	48	23	12	1		1		2	16			5	4
	間	32	10	15						2			3	5
	末	4	3	6			1			7			5	2
	斷	4	2	2						1				2

，在連必降；末的總數，升數九十一，全部例外，升數爲零，在末也降。若欲末升，必例外方可；且前字不得配用單腔、升腔、峯腔、倒腔和單腔加豁。峯腔、倒腔和單腔加豁，都不管後字的四聲陰陽，一律下降；升腔若是二音，固同於單腔加豁；去聲字配單腔，下抑之餘勢，必在後字補足，該升的也都下降，何況這該降的。欲使末的後字上升，前字必配降腔、疊腔、簇腔和豁腔，而且要譜成例外。

4.陽去、陽上：見表一四〇。

陽去與陽上相連，前去後上，後字應降。

表一四〇中，不論連末，升數除去例外，只有單腔的連餘二，可見後字必降；末若上升，和陽去陰上相連的情形同。

5.陽去、陰去：見表一四一。

這也和陰去相疊的情形一樣，後字下降。

表一四一中：連的總數，升爲十五，去例外，餘三，降爲五十六，升占百分之五．〇九；末的總數，升爲十二，都是例外：後字必降。

各腔升降數之比，僅單腔的連爲一二．五，升的比值超過百分之十少許，這是陰去兼具高音性之故。

表一四〇

字數關聯＼腔		單	升	降	峯	谷	倒	搯	疊	簇	擻	頓	單豁	豁
同音	連	2											2	
	間	1												1
	末													
	斷													
上行	連	2							1					1
	間													
	末			7						8				4
	斷										1			
下行	連	1		1										
	間													
	末			7					2	4				1
	斷			1										
上跳	連	14	2	1	1					3			7	
	間	9	1	10						4				1
	末	3	2	8			1		3	4			3	1
	斷								3					
下跳	連	24	11	4						1			10	3
	間	12	3	8			1		1	1			1	
	末		2	5						6			3	
	斷			1										

表一四一

字數／腔／關聯		單	升	降	峯	谷	倒	摺	叠	簇	擻	頓	單豁	豁
同音	連	14	1										3	
	間	2		1										
	末													
	斷	3												
上行	連	5								1				
	間	6	4	2		2				2		1		
	末		1							3				1
	斷													1
下行	連	6	3											
	間	1	1	2		1								2
	末			3				1		3				
	斷	1		4		2				1				1
上跳	連	11	6	3			2		1	1		1	4	
	間	9	5	3				1					1	1
	末		2	6	1	1	1	1	2	4				2
	斷		1	1										
下跳	連	3	16		2		1		1	3			1	
	間	11	7				1			1				
	末	1								1			1	
	斷	1	1							1				

6.陽去、陽去：見表一四二。

這也一樣，後字應降。

表一四二中，連的總數，升爲三二，去例外，餘十一，降爲一一一，升占百分之九；末的總數，升爲十七，去例外，餘一，降爲二八，升占百分之三·四五：後字應降。

因陽去也兼具高音性，各腔升的比值也有超出百分之十的：單腔的連爲一一·五四，末爲一二·五；谷腔和豁腔的連各爲百分之五十，這是由於板眼之助，尚可上升。

譜例二十一

1.	雁譜 告葉	尺 上 ㄴ 尺 工 2 1 0 2 3 落 在	
2.	圓譜 佛葉	五 六 ㄴ 五 仩 乙 五 六五 6 5 0 6 1̇ 7 6 56 六 字	
3.	圓譜 佛王	五 六 ㄴ 五 仩 乙 五 六五 61̇ 5 0 6 1̇ 7 6 56 六 字	

譜例二十：1和2是谷腔上升，側眼使它們有了半拍休止，於是主腔成爲二音順級降腔，正配陽去，附腔則攜帶後字上升；3.是2.的加豁，成爲豁腔，更配得上陽去，附腔便攜帶後字上升，二者固同，只是葉王二譜有無豁號而已。

(七)陰陽離合：元代北曲只有四聲；崑腔北曲却上去再分陰陽，成爲六聲。字聲之分陰陽，和前後字腔的關連，其間有無影響呢？若有，則陰陽當離

表一四二

字數 關聯 \ 腔		單	升	降	峯	谷	倒	摺	疊	簇	擻	頓	單豁	豁
同音	連	23											4	
	間	10											1	
	末												2	
	斷									1				
上行	連	9	4	2		1			1					
	間	7	1	1				1	2	1		1		2
	末			1				1		2				3
	斷	1												
下行	連	10		3		1								1
	間	7		4								1		2
	末	1		8						1				
	斷	1		6		3				1				6
上跳	連	23	9	7			2		1	4			7	
	間	16	1	5		1			1	1			3	1
	末	6	2	7			2		2	2			2	
	斷			1		1								2
下跳	連	23	19	2	1	2	4		1	1			4	1
	間	8	8				2		2	1				2
	末	1	1			1							2	
	斷	1	2	1		1								2

表一四三

後字 \ 升降 \ 前字		陰平	陽平	陰上	陽上	陰去	陽去
陰平	升		升	升	升	升	升
	降	降	降			降	降
陽平	升		升	升	升	升	升
	降	降	降	降	降	降	降
陰上	升		升	升	升		升
	降	降	降	降		降	降
陽上	升	升	升	升	升		升
	降	降	降	降		降	降
陰去	升	升	升	升	升		升
	降	降	降	降	降	降	降
陽去	升	升	升	升	升		升
	降	降	降	降	降	降	降

；若無，則陰陽應合。這問題可在表一四三中獲得解答。

表一四三是據表一○七至一四二所得的結果製成，應升應降的升降，大字正行；可升可降的升降，小字偏行。就前字而言，其餘六聲相連的升降情形，陰平與陽平不同，陰上與陽上不同，陰去與陽去不同，是則陰陽應離。若就後字而言，其升降情形，陰平固異於陽平，

而陰上與陽上，陰去與陽去，都沒有什麼兩樣，是則平聲應離，上去應合。這就是說：平聲字不論作爲前字或後字，陰陽都應分別；上去聲字作爲前字，則陰陽當分，作爲後字，便不管什麼陰陽，只是上、去罷了。

所謂「升降」，包含了上下行和上下跳，但跳進似乎比級進要囉嗦些，該挖出來另眼看待一番！

二、前後字間的跳進

本節壹前言中引王季烈螾廬曲談卷三所說的話，可以看出崑腔字聲與跳進的關係，以及佳良和錯誤的大跳，今請敷而衍之！

前後字間的跳進，限於前字腔末音和後字腔首音的上跳或下跳，所以只有二音。它們與二音的越級升腔或越級降腔迥然不同：二音的越級升、降腔，是用於某一字聲的腔，音與音之間的關係十分密切；而前後字間的跳進，乃是分屬於兩個字腔的二音，將它用於間和斷，關係便十分疏遠，用於連和末，關係便要密切得多，但仍抵不過一個字腔內音與音之間的那份密切關係；所以前後字間跳進的二音，不能視同二音的越級升腔或越級降腔。

㈠系列音：

1小跳：七音齊全。北曲前後字間的小跳，仍然是小三度的天下。北曲的四上和上四，工六和六工等小三度，就是南曲的大二度，習慣上已不覺得和級進有什麼不同，因而使用上也同樣普遍。工六和六工，是中藥裡

表一四四

三度降	百分率	三度升	百分率
合工 5̣ 3̣	53·9	合乙 5̣ 7̣	0·1
四凡 6̣ 4̣	0·6	四上 6̣ 1	42·4
一合 7̣ 5̣	0·4	一尺 7̣ 2	5·2
上四 1 6̣	29·7	上工 1 3	5·0
尺一 2 7̣	4·2	尺凡 2 4	1·5
工上 3 1	10·0	工六 3 5	45·1
凡尺 4 2	1·[illegible]	凡五 4 6	0·7

的甘草，三十六種關聯全少不了它們。四上和上四，僅陽上陽上、陰去陽上和陽去陽上三種關聯不用四上，陽上陰平、陽上陰上和陽上陽上三種關聯不用上四。表一四四中，四上和工六占三度升的百分之八七·五，合工和上四占三度降的百分之八三·六，可見它們的使用是如何的普遍！

2大跳：由四度開始，最高至十三度，跳到八度，可算得跳得夠高，跳得夠遠，這十三度寧非撐竿跳、三級跳！

四至九度，有升有降，而八度和九度，已經升多降少，十至十三度，便只升不降（見表一四五和一四六）。這與王季烈驟低常見驟高少見的話不甚相符，緣故便在間與斷，詳

表一四五

四度升	百分率	五度升	百分率	六度升	百分率	七度升	百分率	八度升	百分率	九度升	百分率
合上 5̣ 1	15·7	合尺 5̣ 2	18·9	合工 5̣ 3	19·1			合六 5̣ 5	29·7	合五 5̣ 6	60·0
四尺 6̣ 2	38·6	四工 6̣ 3	26·6			四六 6̣ 5	63·3	四五 6̣ 6	22·8		
一工 7̣ 3	1·0			一六 7̣ 5	0·9						
上凡 1 4	1·4	上六 1 5	34·9	上五 1 6	22·7			上仩 1 1̇	17·8	上伬 1 2̇	8·0
尺六 2 5	19·3	尺五 2 6	17·1	尺乙 2 7	2·7	尺仩 2 1̇	6·1	尺伬 2 2̇	6·6	尺仜 2 3̇	32·0
工五 3 6	24·0	工乙 3 7	0·6	工仩 3 1̇	54·5	工伬 3 2̇	30·6	工仜 3 3̇	22·8		
		凡仩 4 1̇	1·8								
四度降	百分率	五度降	百分率	六度降	百分率	七度降	百分率	八度降	百分率	九度降	百分率
合尺 5̣ 2̣	29·1	合上 5̣ 1̣	56·9	合乙 5̣ 7̣	4·5	合四 5̣ 6̣	65·1	六合 5 5̣	18·2		
四工 6̣ 3̣	16·3	四尺 6̣ 2̣	4·1	四上 6̣ 1̣	8·9			五四 6 6̣	45·5	五合 6 5̣	100
一凡 7̣ 4̣	0·2	一工 7̣ 3̣	0·9	一尺 7̣ 2̣	0·7						
上合 1 5̣	27·7	上凡 1 4̣	1·4	上工 1 3̣	65·9	上尺 1 2̣	4·4				
尺四 2 6̣	23·6	尺合 2 5̣	20·6			尺工 2 3̣	26·1				
工一 3 7̣	0·9	工四 3 6̣	15·4	工合 3 5̣	20·0			工工 3 3̣	36·3		
凡上 4 1	2·2	凡一 4 7̣	0·6			凡合 4 5̣	4·4				

表一四六

十度升	百分率	十一度升	百分率	十二度升	百分率	十三度升	百分率
上工 1̣ 3	6·3						
工六 3̣ 5	56·3	工五 3̣ 6	15·4			工仩 3̣ i̇	100
合乙 5̣ 7	3·1	合仩 5̣ i̇	53·8	合伬 5̣ 2̇	100		
四仩 6̣ i̇	34·3	四伬 6̣ 2̇	30·8				

見下。

王季烈又說四與工絕少連用，尺與五不能相連。這在字腔而言，確是如此；但前後字間的跳進，便不盡然了。表一四五四度降的四工（6̣3̣）占百分之二六·六，尺五（26）占百分之一七·一，五度降的工四（36̣）占百分之一五·四；這些百分率雖不算太高，但不是「絕少」，更不是「不能」，顯然又是間與斷的緣故。

倒是表中那些百分率特別低的，大都是西樂認為不是佳良或錯誤的大跳。

(二)與字聲的關係：前後字間的跳進，既是從前字腔的末音跳到後字腔的首音，因而跳進與字聲的關係，在前字便要生疏些，在後字便要親熱些，所以這關係得看後字。不過，這關係不是指什麼字聲字聲有啥關係。

該上跳，什麼字聲該下跳，那是字聲與升降的關係；這裡只是指輕輕的跳與用力的跳究竟和

前後字間跳進的大小，和字聲的關係並不是絕對的，任何字聲的相連，都可以配用任何大小的跳進。崑腔北曲的字聲，平聲最高，上聲最低，去聲可高可低。前後字的音高相近，多用小跳，少用大跳；音高懸殊，則多用大跳，少用小跳。

表一四七中：

1.後字平聲：小跳多於大跳，只陰去陽平相連，大跳的百分率比小跳高出〇・一。平聲以平爲主，不喜歡大吵大鬧，即使前字是音高最低的上聲，也不一定要使後面的平聲大大的跳上一跳；所以，後字平聲，多用小跳，少用大跳。

2.後字上聲；上聲比去聲低，比平聲更低，把它放在平或去聲之後，便多用大跳，少用小跳了；只有上上相叠，音高相等，大小跳的百分率便較爲接近了些。

3.後字去聲：去聲可高可低，高可以企及平聲，低可以接近上聲。平去相連，去聲若高，便多用小跳，若低，便多用大跳，所以大小跳的百分率非常接近。上去相連，大跳的百分率高於小跳，顯然是去聲高於上聲所致。去去相叠，由於高低不定，爲了跌宕縱逸，大可多用大跳，少用小跳，所以小跳的百分率比大跳低。

表一四七

百分率　後字＼前字			陰平	陽平	陰上	陽上	陰去	陽去
陰平	小跳		3·3	5·2	5·5	1·8	4·1	6·2
	大跳	合計	2·5	3·6	2·8	0·9	2·2	4·5
		四度	0·8	2·1	1·7	0·7	1·5	2·7
		五度	0·8	0·8	0·5	0·08	0·3	0·7
		六度	0·5	0·4	0·2	0·04	0·04	0·5
		七至十三度	0·4	0·3	0·4	0·1	0·35	0·6
陽平	小跳		5·1	4·7	5·4	2·1	3·5	5·1
	大跳	合計	3·1	3·6	2·4	0·9	3·6	4·5
		四度	1·5	2·3	1·5	0·6	2·3	2·7
		五度	0·8	0·7	0·7	0·08	0·6	0·9
		六度	0·6	0·4	0·1	0·04	0·5	0·5
		七至十三度	0·2	0·2	0·1	0·2	0·2	0·4
	小跳		4·0	4·6	4·2	0·6	3·3	4·7
	大跳	合計	7·1	7·2	3·8	0·9	7·2	8·9

上	跳	四度	2·8	3·0	1·6	0·35	3·8	4·4
		五度	2·2	2·4	1·1	0·2	1·8	2·9
		六度	1·6	1·3	0·4	0·04	1·0	1·1
		七至十三度	0·5	0·5	0·7	0·35	0·6	0·5
去	小跳		5·8	7·4	5·6	1·3	2·9	3·5
	大跳	合計	5·6	7·2	7·1	1·9	4·1	4·4
		四度	3·5	4·4	3·9	1·4	2·9	2·4
		五度	0·9	1·3	1·4	0·3	0·6	0·8
		六度	0·6	0·5	0·6	0·1	0·08	0·3
		七至十三度	0·6	1·0	1·1	0·1	0·6	0·9

表一四八

百分率關係＼跳進	三度	四度	五度	六度	七至十三度
連	34·9	37·8	25·8	24·1	3·6
間	38·6	37·6	41·9	37·8	39·9
末	21·7	10·9	10·6	7·4	6·8
斷	4·8	13·7	21·7	30·6	49·7

其實，字聲對於前後字間跳進的影響力，却也稀鬆平常，主要在於跳進放在字句中的什麼位置—連間末斷。

㈢與連間末斷的關係：連和末是句子中有王法的所在，間和斷是三不管地帶，尤其是斷，簡直是沒有法、沒有天！同樣的字聲，同樣用跳進，在連或末之處，最好是少跳些，間和斷之處，便可隨便跳。表一四八連和末的百分率差不多與跳的度數成反比；在間，百分率都不相上下，那就是說，跳幾度都可以；在斷，百分率却與跳的度數成正比，跳得越大越好，因爲斷的前後二字，恩斷義絕，兩不相干，愛怎麼跳便怎麼跳，跳到天邊也管不着：間和斷既不受升降之律的限制，又不受跳進度數的拘束，舒服透了！

㈣同向連跳：西樂中，不論什麼樣的連跳，只要彼此互爲反行，準錯不了；如果是同一和絃，儘管同向連跳，也錯不了。崑腔北曲中，雖然互爲反行的連跳占絕大多數，但同向的連跳也還有百分之六．七，其中的一半是屬於同一和絃，另一半則非是。這些不是同一和絃的同向連跳，有兩種排列法：一種是把大跳放在前面；另一種是把小跳放在前面。

1.同向連跳和連間末斷：表一四九中：

連跳 / 百分率 / 關係	同一和絃	大跳在前	小跳在前
連	10·3		5·2
間	24·7	15·5	5·7
末	5·2	0·6	1·8
斷	9·8	10·3	10·9

表一四九

(1)同一和絃：不論西樂或中樂，同一和絃的連跳，自然而然算是合法的，因而放之連、間、末、斷而皆準。

(2)大跳在前：連處不用；末處雖有〇·六的百分率，但這是間末，僅見於宵光劍功宴折天下樂「把人擡」的「人擡」二字，大可把它當作間來看。若此，則大跳在前的同向連跳，只能用於間和斷等化外之區。

(3)小跳在前：連末均用，連數九、末數三，共計十二，見譜例二十二。這些小跳，工合和工六的小三度占三分之二，這是南曲所習用的大二度，所以這三分之二的同向連跳，說是單跳，也未始不可。其餘的三分之一，上工和一尺各占一半。

崑腔北曲出現不合西樂規律的同向連跳，自有其因，其因乃是：

2.受他律的支配：

(1)去聲加豁：豁音必定高於它的前後二音。譜例二十二的1，義字配工四合（3 6 5），四（6）即是豁音。本來，上工合（1 3 5）是同一和絃的同向連跳，一旦加豁，便成非同一和絃的同向連跳上工四（1 3 6）了。

(2)跳入乙凡：北曲用乙凡，但不喜乙凡，可避則避。譜例二十二中：2的一尺六（7 2 5），本可作同一和絃的同向連跳一尺凡（7 2 4），為了避免用凡（4），才成為出格的一尺六；3的工六仩（3 5 i），本可作工六乙（3 5 7），屬於同一和絃，為了避免用乙（7），才成為工六仩。

譜例二十二

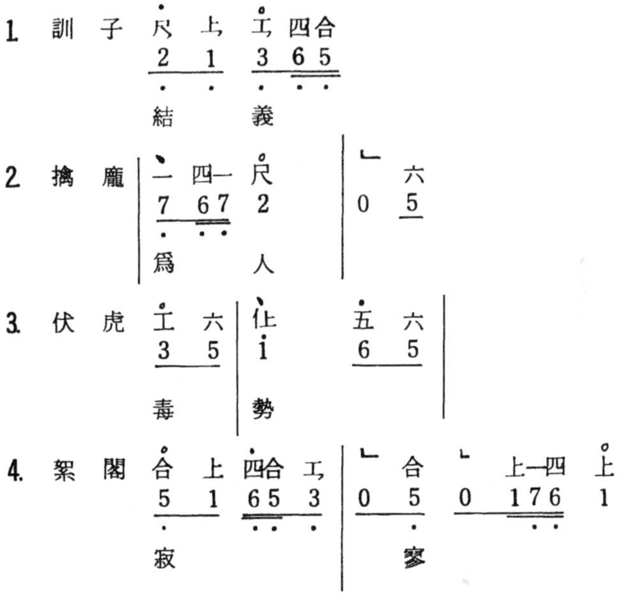

1. 訓子	尺 上 工 四合 2 1 3 65 結 義				
2. 擒龐	一 四一 尺 7 67 2 為 人	∟ 六 0 5			
3. 伏虎	工 六 3 5 毒	仩 i 勢	五 六 6 5		
4. 絮閣	合 上 5 1 寂	四合 工 65 3	∟ 合 0 5 寥	∟ 上一四 上 0 176 1	

(3)休止：譜例二十二的4.，工合上（3.5.1）不屬同一和絃，但工和合之後都有半拍休止，使氣脈不能一貫，所以休止之後，似乎可以另當別論。

三、前後字間的同音

同音是指同度的同音，前後二字以同音爲譜，它們的四聲應該相同。

譜同音的二字，前字多配單腔，據表一○七至一四二的同音部份，前字配用單腔的百分率高達九四·七。前字單腔與後字首音同其工尺，方顯得前後二字同其四聲。

表一五○是根據表一○七至一四二的同音部分製成，並將後字的上、去聲陰陽合併。表中，百分率最高的，都是前後二字四聲相同，其次才輪到陰陽揚抑。

表一五○中：

㈠陰平：與陰平相連的百分率最高，二字的四聲陰陽俱同。次高的是與陽平相連，二字都是平聲。

㈡陽平：百分率最高的，是與四聲陰陽俱同的陽平相連；次高的，是與同是平聲的陰平相連。

㈢陰上：與上聲相連的百分率最高，與陽平相連的居次。陰上與陽平，雖四聲陰陽都不相同，但俱是上揚字聲，同其性質。

㈣陽上：與上聲相連的百分率最高；與陽平相連的居次，它們同其陰陽揚抑。

㈤陰去：與去聲相連的百分率最高；與陰平相連的居次，它們也是同其陰陽揚抑。

㈥陽去：與去聲相連的百分率最高，與上聲相連的居次。陽去本是下抑字聲，但喜加豁，於是首音與豁音構成二音升腔，帶有揚的氣息，所以與上聲套近乎。

配用同音的前後二字，最好是陰陽四聲俱同；求其次，則為四聲相同；再次，則同其陰陽揚抑。國語亦然。

表一五〇

百分率（前字／後字）	陰平	陽平	陰上	陽上	陰去	陽去
陰平	48·2	29·8	4·9	9·7	11·6	8·6
陽平	39·2	53·5	16·4	32·2	4·7	4·3
上	3·6	11·7	63·1	51·6	7·0	20·0
去	8·9	5·0	15·6	6·5	76·7	67·1

肆、結論

㈠二字相連，後字的應升應降，與可升可降，如表一五一。（表內大字正行為應升應降，小字偏行為可升可降。）

㈡國語二字相連，後字的升降一如表一五一，惟陰平陰平可升，陽平上聲只降不升，陰上陽平只升不降。

㈢二字相連，若配同度的同音，後字應與前字同其四聲陰陽，求其次，則四聲俱同，再次，則陰陽揚抑相同。國語亦然。

㈣前後字間的跳進，可用小跳或大跳。凡二字音高相近，多用小跳，少用大跳；音高懸殊，多用大跳，少用小跳。

㈤前字到後字之間的連跳絕大多數彼此反行。如果同向進行，最好是屬於同一和絃；否則，亦必小跳在前；若大跳在前，只可用於間和斷，不可用於連和末。

㈥例外：遇下列情形之一，即可不依表一五一升降的規定：

1休止：後字在前字的休止之後起音。

表一五一

後字 \ 前字	升降	陰平	陽平	陰上	陽上	陰去	陽去
陰平	升		升	升	升	升	升
	降	降	降			降	降
陽平	升		升	升	升	升	升
	降	降	降	降	降	降	降
上	升		升	升	升		升
	降	降	降	降		降	降
去	升	升	升	升	升		升
	降	降	降	降	降	降	降

2.腔：疊腔的疊升只升不降；峯腔、倒腔、疊腔的疊降、簇腔的升降和峯降、單豁等，只降不升。

3.回原位：後字腔的首音回至前字腔的首音，或倒數第二音、第三音上；句末的三字團，回至倒數第三字的首音上。

4.依西樂動音解決的規定，和連跳反行的規定。

5.受强拍的影響。

6.弱字團的通融處理。

7.收音與四呼：

(1)前字侵尋、監咸或纖廉與後字開口或齊齒。

(2)前字家麻或車蛇與後字合口或撮口。

8.後字唇音，前字收噫、吁、烏或閉口音者，不在此限。

9.後字陰出陽收者，應降可升。

第三章　襯字——實板曲

襯字這玩意兒，別體所無，「曲」中方有。

南曲大都以虛字作襯，且有「襯不過三」之說，其實不然。琵琶一記，襯字過三的，有四十餘句，尤其盤夫折的紅衲襖中，比比皆是，且以實字作襯。這究竟不普遍，荆釵全劇，襯字都未過三。

北曲的襯字，虛字實字都有，而且字數頗多，可以多到原句字數的好幾倍。北詞廣正譜收貨郎旦的九轉貨郎兒，其中的六轉，有好幾句都是襯字爲原句字數的兩倍，這不算多。九宮大成譜收有一支雁兒落帶得勝令，襯字比正字多四倍有餘，尤其其中的兩二字句，一句襯二十三字，一句襯二十二字，眞是不可思議！

這裡，從葉、王二譜的北曲中提出的襯字，凡三五九七，內：閒凡四八二，斷凡三八，略而不計；末僅二八，只占百分之〇·八，也略而不計；所餘連數凡三〇四九，便作爲本章的根據。

第一節　腔的分配

北曲正字既多，自然趕板不及，勢必疾忙帶過，分配的腔，只能短而鮮能長。表一五二中，百分率在百分之一以上的，只有單腔、升腔、降腔和豁腔，而豁腔中有三·三是單腔加豁，所餘僅〇·五六，未超過百分之一。可見襯字的配腔，以單腔、升腔和降腔爲宜，而單腔爲其中之最。升腔和降腔也都只用二音，用三音的，升腔僅一，降腔凡四，百分比極低。

腔名	百分率
單	72·4
升	8·8
降	13·0
峯	0·03
谷	0·3
倒	0·4
疊	0·6
簇	0·3
擻	0·1
頓	0·2
豁	3·86

表一五二

第二節　腔的聯絡

㈠前後字間的升降：北曲的襯字，雖說也有實字在內，大部分仍是虛字。這些虛字：在句子中，它們是最弱的一環；在音時上，它們因趕板而被疾忙帶過：所以襯字前後字間的或升或降的尺度，比正字要放寬了些。表一五三是襯字前後字間升降的百分率，與表一四三—正字前後字間的升降相較，可說有點出入，這表示襯字前後字間升降的尺度放寬了，讓譜曲者好在這裡鬆口氣兒！

㈡前後字間的跳進：襯字前後字間的跳進，大多用小跳，占百分之八一．九；大跳僅百分之一八．一。小跳以小三度爲多，占小跳的四分之三。大跳則多爲四度的跳進，占大跳的四分之三稍强；其餘爲五度和六度的跳進，沒有七度，八度僅一。

㈢前後字間的同音：表一五四是襯字前後字間同音的百分率，與表一五〇相較，也有些出入。大體上，以同聲的前後字配用同音的百分率爲最高，獨陰去聲却以與上聲相連的百分率爲最高：這又是襯字把尺度放寬了。正字前後字配用同音，以陰陽四聲相同爲主，其次爲同其四聲，再次爲同其陰陽揚抑；襯字便沒有這些其次再次了，大可隨便些。

表一五三

後字＼前字（百分率）		陰平	陽平	陰上	陽上	陰去	陽去
陰平	升	8·0	50·0	80·4	54·9	28·8	20·5
	降	92·0	50·0	19·6	45·1	71·2	79·5
陽平	升	3·5	31·0	70·2	50·0	8·5	11·5
	降	96·5	69·0	29·8	50·0	91·5	88·5
上	升	12·1	43·8	58·1	69·6	2·7	4·4
	降	87·9	56·2	41·9	30·4	97·3	95·6
去	升	44·7	70·6	77·6	84·1	11·8	9·5
	降	55·3	29·4	22·4	15·9	88·2	90·5

表一五四

後字＼前字（百分率）	陰平	陽平	陰上	陽上	陰去	陽去
陰平	44·8	18·2	5·9	10·0	17·8	7·8
陽平	22·9	40·0	16·5		10·7	15·7
上	13·5	25·4	48·2	60·0	42·9	13·7
去	18·8	16·4	29·4	30·0	28·6	62·7

國語歌曲可找不出什麼襯字來，但總免不了有虛字，有弱字，這些虛字弱字，其異於襯字者幾希？

第三節　結　論

(一)襯字多配用短腔，長腔不合適。

(二)因係弱字，以及趕板的關係，襯字處理的尺度，要比正字放寬了些。

(三)襯字前後字間的跳進，多用小跳，少用大跳。

第四章　疊字——實板曲

疊聲是四聲陰陽相同的兩字相連，如陰平與陰平相連，陽平與陽平相連，……疊字的兩字，除了四聲陰陽相同之外，連音和形也都相同。唱腔與字的關係，只在於四聲陰陽，字音和字形却風馬牛不相及，所以疊字的處理，應該與疊聲一樣。

第一節　正疊字

這裡提供的正疊數字，計三百九十三，都是連和末。

㈠疊字間的升降：表一五五便是疊字六聲的升降情形，與疊聲六聲相較，平聲和去聲都與疊聲的升降相同，上聲好像有點相反。

1.陰平：與表一〇七相較，升降的情形一樣。升數超出百分之十的，都在降腔和簇腔

表一五五

疊字 \ 字數 \ 腔		單	升	降	峯	谷	倒	摺	疊	簇	擻	頓	豁	小計
陰平	升			16						6				22
	降	35	24	35	4		6		6	22	1			133
陽平	升	10	1	2										13
	降	20	19	17	4		4		2	4	1			71
陰上	升	18	2	4					2	2				28
	降	21	6	7			3			5				42
陽上	升	4		3						1				8
	降	4	5	2			3			4	1			19
陰去	升	2	1											3
	降	12	5	1						1			1	20
陽去	升	1		2										3
	降	11	11	5					1	2			1	31

，而且大部分是末。疊字陰平也是如此，二十二升數中，末占去了二十一。

2.陽平：表一一四的陽平疊聲，後字是以降爲主，但若單腔和降腔配用於前字，則後字升亦無妨。表一五五的陽平疊字，也是單腔和降腔欄的升數超出了百分之十。

表一五六

四聲 / 百分率 / 同音	陰平	陽平	陰上	陽上	陰去	陽去
疊聲	31·2	17·6	14·1	16·7	10·3	11·0
正疊字	35·4	35·6	26·8	26·3	34·3	21·7
襯疊字	40·0	36·2	27·3	24·3	8·1	10·3

3.陰上：表一二一的陰上疊聲，以升爲主，但亦可降；表一五五的陰上疊字，却以降爲主，但亦可升：兩者的升降情形似乎恰好相反。疊聲只有四聲相同，字音各異，「聽者鑿鑿，知爲兩音矣」。疊字却四聲字音兩皆相同，聽者「易疑爲一字兩腔」。爲了這，上上疊字的處理，稍或異於上上疊聲。因爲上上相疊，前字有點像平聲，這是句字音讀的自然變化，順着這種自然變化，上上便可作平上處理，當然後字以降爲主，而不以升爲主了。

4.陽上：與表一二八陽上疊聲的升降相較，情形與陰上一樣。

5.陰去：表一五五的陰去疊字，升數三，去例外一，餘二，占百分之九·一，與表一三五的陰去疊聲升降情形相符。

6.陽去：與表一四二的陽去疊聲相較，後字都是以降爲主。

㈡疊字間的跳進：多用小跳，占百分之八三．一；大跳僅占百分之一六．九。小跳多爲小三度，占百分之八四．八；大跳多爲四度，占百分之九十。

㈢疊字間的同音：疊字比疊聲更喜用同音，從表一五六的一些疊聲與正疊字的百分率看來，便知其然。

第二節　襯疊字

壹、腔的分配

表一五七各腔的字數，計二百二十四，最多的是單腔，其次是降腔，再次是升腔，至於疊、擻、豁三腔，便不足道了：這和表一五二的情形相同。

因爲是襯字，多配短腔，升、降二腔也多用二音，三音的僅見於降腔。

貳、腔的聯絡

表一五七

疊字＼字數＼腔		單	升	降	疊	擻	豁
陰平	升	1		5		2	
	降	28	3	17	1		
陽平	升	12					
	降	12	3	10			
陰上	升	22	4	2			
	降	20		7			
陽上	升	2	2				
	降	8	1	2			
陰去	升	2					
	降	5	1	14		1	
陽去	升	4					
	降	7	2	23			1

㈠襯疊字間的升降：表一五七襯疊字的升降情形，與表一五五正疊字的升降情形差不許多。

㈡襯疊字間的跳進：多爲小跳，占百分之八二·四。小跳以小三度爲多，占百分之七八·六；大跳以四度爲多，占百分之八三·三。

㈢襯疊字間的同音：表一五六中，襯疊字配用疊音的百分率，仍比疊聲爲高，只有陰去和陽去稍爲低些。

第三節　結　論

㈠疊字間的升降，與疊聲的處理相同，只有上上疊字則否，大部分作爲平上相連處理。

㈡正、襯疊字間的跳進，多用小跳，少用大跳。

㈢襯疊字宜配短腔，長腔不適。

㈣襯疊字間的升降，與正疊字的情形差不多。

㈤正、襯疊字都喜用同音。

第五章　散板曲

國語歌曲裏可找不到這沒板沒眼的散板曲；但在國劇、崑腔中，尤其崑腔北曲中，却有相當的地位，您可別小看了它！

散板曲的處理，可以說和實板曲一樣。當然，天底下沒有完全一樣的玩意兒，連雙生兒都完全一樣不了，何況這屬於藝術範疇的樂曲！不過，散板曲與實板曲的差異不大：

㈠**音域**：散板曲的音域，比實板曲稍稍狹些，試將表一五八與表七九比一比，便知端的。

㈡**腔類**：散板曲的腔，還是單、升、降、峯、谷、倒、摺、疊、簇、擻、頓和豁等十二種腔；只是疊、簇、擻、頓、豁五腔之中，一些細目與實板曲有點不一樣，像疊腔無倒疊却有谷疊，擻腔無疊擻却有摺擻等等。這五種腔大都是長腔，長腔的附腔，盡可極曲折抑揚，盤旋跳躍之能事，腔中細目的或有或無，均無礙於律。

表一五八

百分率 音名＼調名	正工	六字	凡字	小工	尺字	上字
仜 $\dot{3}$				0·4		1·1
伬 $\dot{2}$				2·5	1·1	1·7
仩 $\dot{1}$			0·1	6·5	3·5	8·9
乙 7				1·6	0·8	
五 6	1·0	1·8	3·5	19·4	7·9	24·3
工 $\underset{\cdot}{3}$	9·6	7·7	5·3	0·6	0·4	1·7
尺 $\underset{\cdot}{2}$	2·0	1·3	0·2			
上 $\underset{\cdot}{1}$	1·3	0·8	0·1			
一 $\underset{:}{7}$		0·1				

㈢升降：散板曲前後字間的升降，與實板曲的處理一樣，而且只嚴不寬，因爲散板曲比實板曲要接近字面。但散板曲的上上相連，却和疊字的上上相疊情形一樣，後字以降爲主。

(四)結論：

1. 散板曲的音域，稍狹於實板曲。

2. 散板曲的腔類，與實板曲相同，獨腔中細目，間或相異。

3. 散板曲的處理，與實板曲一樣，只有上上相連，後字以降爲主。